中村稔

忘れられぬ人々 三

故旧哀傷・四

青土社

忘れられぬ人々　三　故旧哀傷・四

目次

忘れられぬ人々 三

故旧哀傷・四

アラン・スワビー

アラン・スワビー Alan Swabey さんはスワベイと発音すべきかもしれない。ビーとベイの中間のように思われるので、うまく発音もできないし、表記もできないので、この文章ではスワビーと記すこととする。

スワビーさんは私の友人というよりは中松潤之助先生の友人であった。ＡＩＰＰＩと略称される国際工業所有権協会という国際組織がある。知的財産権にかかわりをもつ民間人の団体としてもっとも歴史が古く、かつ、国際的にも強い影響力をもっている。中松先生がこの団体の日本部会の会長をなさっていたところ、スワビーさんはカナダ部会の会長であった。このため、会長会議、執行委員会、総会などで顔を合わせる機会が多く、いつか親交をもつようになったのであろう。私が一九七〇年代の初めころ、モントリオールにスワビー事務所を訪ねたのも、中松先生に勧められたからだと憶えている。

あらかじめ訪問を通知したためか、スワビーさんはご自身わざわざモントリオール空港で私を出迎えてくださった。空港ビルはすばらしく機能的、近代的で明るく、閑散としていた。当時はまだ旅行客がそう多くなかったのである。スワビーさんは穏やかな笑みをうかべ、抱きかかえるように私を歓迎してくださった。彼はたぶん私よりも一五歳前後年長のはずであった。私はスワビーさんの運転する車でモントリオール市街地の中心地域にあるスワビー・アンド・コンパニーの事務所に向かった。市街地の標識のすべてが英語、フランス語の二ヶ国語で記されていることも物珍らしく感じた。

話は違うが、洋傘にKnirpsというブランドの商品がある。ヨーロッパで短縮型の洋傘といえば、私は現在の状況については確かでないが、多年Knirpsが圧倒的な市場占有率を占めていた。短縮型の洋傘には日本式の折り畳み式と欧州式の望遠鏡式とがある。英語では、前者をfolding typeといい、後者をtelescopic typeという。日本式の折り畳み洋傘は、用済みのときは、八本や、ときに一〇本もある骨を一々折り曲げ、布を伸ばし、きちんと折り畳む手間が必要である。欧州式の望遠鏡式では短縮するときは上部の骨が下部の骨の中に入りこむ。布を折り畳む必要はないが、日本式のように綺麗にきちんと畳めるわけではない。望遠鏡式の方が折り畳み式よりも取扱いが簡便だが、骨が二重筒の中に滑りこむのだから、何としても重い。しかし、日本式のように、一々骨を折り曲げるという手数は必要としない。一長一短だが、手先が器用で少々の苦労はいとわない日本人には折り畳み式が向いているし、手先が不器用で、少々の重さを苦にしないヨーロッパ人には望遠鏡式の方が向いているといえるだろう。

Knirps洋傘は当時刃物で有名なゾーリンゲンに本社のあるブレムシャイという企業が製造販売していた。ついでだが、柄の手許についたボタンを押すと一度に洋傘が開く機構を業界ではジャンプというが、ジャンプをはじめて採用したのもこの会社だと聞いている。さらについでのことを書き加えれば、後年、招かれて、ブレムシャイの本社を訪ねたことがある。ボン・ケルン空港に着くと、制服を着た運転手がメルセデス・ベンツで出迎えてくれた。本社に着くと同じようなメルセデス・ベンツが二〇台も並んでいた。ヨーロッパの各地から来訪する顧客、取引先の送迎のためであった。私は洋傘の製作は、零細な家内工業によるものと考えていたから、ブレムシャイ社の隆盛ぶりは意外であり、驚異であった。

そこでスワビーさんに話が戻ることとなる。ブレムシャイ社の工場の一つがモントリオールにあり、アメリカ、カナダ向けに販売される洋傘を製造していた。その工場長であり、ブレムシャイ社のアメリカ、カナダの営業に関する責任者となっていたのが、同社の社長の長男であった。ファースト・ネームを失念したので以下ブレムシャイ・ジュニアとよぶが、スワビーさんに紹介されたところ、まだ三〇歳代半ばの若さであった。

この当時、ブレムシャイ・ジュニアが長方形に折り畳むことのできる短縮型洋傘の事業化を推進していた。長方形に折り畳めると、書類鞄に入れても嵩ばらず、きちんと収納できるので、従来の丸棒型に折り畳む洋傘に変って世界の市場を席巻するにちがいない、とブレムシャイ・ジュニアは確信した。そこで世界の主要国に多数の特許、意匠登録をスワビーさんの事務所経由で出願した。このためスワビーさんの事務所は多忙をきわめ、経済的にもうるおったはずである。対応の日本の出願を取扱った私の事務所にもそれなりの収益をもたらしたのであった。

私が到着した夜、スワビーさんが自宅で歓迎パーティを催してくださった。ブレムシャイ・ジュニアの他、ボブ・ミッチェルとふつうよばれるロバート・ミッチェルをはじめスワビーさんの事務所の主要スタッフや重要な依頼会社の担当者などが招かれていた。ブレムシャイ・ジュニアは自分の工場に働いている人たちの国籍を調べたところ、何と一三ヶ国に及ぶことが分った、と話して私の蒙を啓いてくれた。カナダがそれほどに移民の受入に寛容であるとはそれまで私は知らなかった。ただ、長方形に折り畳める洋傘の発明については、ブレムシャイ・ジュニアは浮かれすぎているのではないか、彼は若干派手好きで軽佻浮薄なのではないか、と感じた。もっとも、この新型の洋傘が、ブレムシャイ・ジュニアの期待に反し、市場で失敗に終ってから私が抱くこととなった感想もまじっているかもしれない。

パーティでは客の各人が入れかわりに、ちょっとした小咄（こばなし）のようなものを話し、聴衆の笑いを誘い、次の者に代ったのが、私として目新しい景色であった。とはいえ、彼らのユーモアは私にはほとんど理解できなかった。スワビーさんはまったく何の口出しもすることなく、微笑しながら見守っているだけであった。その表情には慈父のような優しさがあふれていた。

パーティといっても、若干のおつまみと強弱各種のアルコール飲料が供されるだけであった。一とおり客が話してひきあげて後、私はスワビー夫妻の食堂に招かれ、夫妻と一緒に夕食をご馳走になった。マック夫人の手作りの、心のこもった料理であった。

＊

ここで私の記憶は一挙に十数年飛ぶことになる。一九六四年三月、中松先生が亡くなったため、没後の事務所の新編成、業務の品質の改善、所内の人的融和、財務処理などに、私が精力を傾注しなければならなかった時期であり、しかも弁護士としても働きざかりで、毎日、時間に追われていた。その間、スワビーさんとも海外の会議の折やスワビーさんが来日なさったときなどにお会いし、次第に、スワビーさんと親しく交際するようになっていた。

ある日、スワビーさんの事務所のボブ・ミッチェルから連絡があり、事務所開設三〇周年の祝賀会を催すのについて、四大陸から一人ずつ代表して祝辞をもらうことにしたので、アジアを代表して祝辞を送ってほしいということであった。

これは私にとって大いに名誉なことであった。私がスワビーさんに信頼されている友人の一人と認められたことが、いうまでもなくその理由の一つだが、Nakamura & Partners の中村稔の祝辞というだけで祝賀会の参加者の多くは私を知っている、少くとも私の事務所を知っている、いわば知名度を得ていることを前提としているからであり、また、私ないし私の事務所を知らない方々には、私ないし私の事務所を知っていただく機会を与えられた、という意味をもつからである。それ故、私にとってまことに有難い申入れであった。見方を変えれば、スワビーさんの事務所が私と私の事務所の宣伝の機会を与えてくれたともみられるだろう。私は喜んでおひきうけして、祝辞をお送りした。

*

この祝賀会から二、三年後だったはずだが、スワビーさんから、トロントにスワビー事務所の支所を設けることにしたので、自分は支所勤務となり、トロントに居住することに決めた、という通知をうけた。

一九六〇年代からモントリオールを中心とするケベック州にはフランス系住民のカナダからの独立運動がくすぶっている。一九八〇年はこの運動が極度に盛り上り、独立の賛否をめぐって国民投票が行われた。投票を求められた賛否はもう少し手のこんだものだが、要はケベック州がカナダから独立することの賛否であった。六対四の反対により、かろうじてケベック州はカナダにとどまることとなった。

しかし、スワビーさんは年々フランス系住民の力が強くなるので、英国系住民は住みにくくなるように感じていたようである。モントリオールの事務所はボブ・ミッチェル以下スワビーさんが知的財産法のイロハから教え、手塩にかけて育てた若い人たち、私より一〇歳前後若い人たちが働き盛りになって、彼らに任せても事務所は磐石と考えたらしい。そこで、英国系住民にとって住みやすいトロントに支所を設け、住所もトロントに移したのであった。モントリオールへは週に一回か月に二、三回程度出向いて打合をし、若手のメンバーの相談にのり、また、指導もしたらしい。もともと、スワビーさんは特許庁へ提出する書類の起案などの実務は以前からボブ・ミッチェルらに任せて、ご自分では実務をなさることはなかったようにみえる。スワビーさんが設立し、弟子たちを育てあげ、カナダでもっとも有力な特許事務所をつくりあげながら、フランス系住民の独立運動に嫌気がさしたとはいえ、あっさり引退して相談役のような地位に甘んじた、その進退は見事というほかはない。

ただ、各種の国際会議には相変らず出席していたし、その他の機会にも世界の主要国を旅行することに変りはなかった。これも、会う人ごとにスワビー事務所の評判を聞き、苦情があればすぐモントリオールの事務所に連絡して善処を求める、というような仕事であった。何といっても数十年その種の会議に出席し続けて、顔も広く、信用を博していたから、世間話も多かったらしい。そんな機会に、日本の特許事務所の話がでると、日本の案件なら中村合同事務所に相談したらいい、という意見をスワビーさんはいつも必ずおっしゃったようであった。私の事務所としては無料の宣伝係を雇っていたに等しかった。

＊

トロントに移転する前からもスワビーさんはマック夫人と共にしばしば訪日した。彼らが通常の外国人客と違うところは、箱根、日光、京都、奈良といった観光地には見向きもしないことであった。あるいはごく初めころの訪日のさい、これらの観光地を訪ね、観光客にあふれているのに辟易したのかもしれない。彼らの関心は観光客向けの日本でなく、ありのまま、日本人がふだんの生活をしている場所であった。

それについて思いだすことだが、越生の奥の竜隠寺にご案内したことがあった。越生は埼玉県、秩父丘陵の山裾にあって、梅林で知られている。梅林には屋台なども出て、賑やかだが、梅林を右手に眺めて進むと、巨大な野生のウメが見事な花をつけているのに、次々に出会うことになる。その道を右に折れ、険阻な山道に入ると、ふかぶかとしたスギの林の陰に竜隠寺の山門が見えてくる。

山門を入ると、池があり、さらに昇ると、やはりスギの林を背にして堂々と本堂が建っている。ここには青土社の創立者であった清水康雄の墓があるが、その墓のあたり一帯はかつてはウメ林であった。だいぶ以前、ウメの香りをかぎながら、父方の祖母が越生の出身であったので、亡父を偲んだこともある。

当時、私は竜隠寺の住職と親しかった。そこで、住職に頼んで本堂右手の離れで弁当をつかわせてもらうよう手配していた。弁当は当日自動車を運転していた亡妻の手作りのチーズとハムのサンドイッチであった。魔法瓶に湯を用意し、ティーバッグの紅茶を使いすての紙コップで頂くこととした。

離れには日差しが射しこんでいた。見下すとウメ林のウメが満開であった。のどかで穏やかな初春の真昼時であった。スワビーさん夫妻はこのような、とりたてていうこともない、ありふれた、埼玉の田舎の観光にくつろいでいた。私たちは私たちに親しい埼玉の田舎の風景をスワビー夫妻が堪能してくれていることをうれしく思った。

その帰途、私たちは夫妻を小川町の手すき紙の工房に案内した。手加減ひとつで紙をすきあげていく技術に私は見ほれているのだが、スワビーさんはじっくりその技術の仔細を観察していた後、まるで機械と同じだ、と呟いた。これはずいぶん可笑しい感想である。

機械が手すき作業の工程の一々を模倣して再現しているのであって、手すきが機械を真似ているわけではない。カナダは製紙産業が盛んだから、スワビーさんは製紙技術に詳しかった。そういう方からみると、まるで手すきが機械とそっくりだ、といった逆の発想になることに私は感心した。そのことを指摘すると、スワビーさんは恥じらうように、そうだった、といって破顔一笑なさった。

これは私が勧めたわけではないが、スワビー夫妻は列車で日本海岸側を青森から下関まで、さらに足をのばして博多まで旅行なさったことがある。夫妻はグリーン車でなく、普通車で鈍行を乗りついだらしい。車中乗り合わせた高校生の男女と、片言の英語、片言の日本語で、会話を愉しんだらしい。グリーン車の運賃を節約したためではなかった。そんな若い人たちと話すのがお好きだった。金沢でお泊りになったと聞いたので、兼六園から見る白山はどうでした、とお訊ねすると、いや、金沢の観光はしなかった、というお答えであった。名高い日本庭園や風景よりも人間、ことに庶民に関心のふかいご夫妻であった。

福岡には私が昵懇にしている小堀益という弁理士がおいでになるので、私は小堀さんに連絡し、スワビーさんがお着きになったらお世話してくださいとお願いしていた。帰京したスワビーさんから、小堀さんにレッド・カーペットで歓待された、とお聞きした。小堀さんはもてなし好きでもてなし上手なので福岡でたぶん最上級の接待をしたにちがいない。スワビーさんは質実な性格だから、小堀さんの贅沢なもてなしに、多少困惑したらしい。小堀さんは、レッド・カーペットというほどのことをしたわけではありません、という。それでもスワビーさんが期待したような接待ではなかった。スワビー夫妻は英語、フランス語はバイリンガルだったが、スワビーさんはドイツ語もスペイン語も堪能だった。日本語は片言だったが、日本の庶民と何とか会話できたのは、そうした人々に心を開かせることができる暖い心の持主であったからだと思われる。夫妻は天性の社交家といってよい。

そういえばマック夫人は駅のキヨスクで売っているサンドイッチが好物であった。あんな美味しいものは世界中どこにもない、とくりかえし話していた。その理由は私にはかなり謎なのだが、いうまでもなく、フランスのサンドイッチはバケットにチーズなどを無造作にはさみこんだものだし、ドイツのサンドイッチは堅い丸パンにソーセージをはさんだだけといってよい。サンドイッチ発祥の地イギリスではサンドイッチも種類が豊富である。ハイ・ティーに供せられるサンドイッチは一種の仰々しい料理であって、そう手軽なもののようにはみえない。一〇枚切りとか八枚切りの薄い食パンをトーストしたり、トーストしないままに、ロースト・ビーフ、キューリ、スモーク・サーモン、ハム、チーズ、各種のパテなどの具材を並べて各自が勝手に選んで食べるようである。しかもこれらにサラダ、果物をそえられる軽い夕食である。反面、サラリーマンなどが四枚切りほどの厚い食パンの間にハムやチーズなどをはさんだまま、あるいはその厚切りのパンを横に二つに切っただけのものを昼食にすることもあるようである。だから、イギリスにも、したがってカナダにも、各種のサンドイッチがあるはずだから、マック夫人が日本の鉄道駅のキヨスクのサンドイッチを珍しいと感じるのは私には理解を超えている。しいて想像すれば、キヨスク・サンドイッチのたぶん日本独特のハムらしいプレスハムと周りの辛子は特異なのかもしれない。これもスワビー夫妻の日本の庶民好きのあらわれと解すべきかもしれない。

食物の話になったついでに記しておけば、ある日曜日、昼食をとろうと思って、スワビー夫妻は銀座に出かけたそうである。いくつも素敵なレストランがあり、中には見本を陳列している店もあった。どこの店に入ろうか、とさんざん迷ったが、どうしても知らない店に入る勇気がなかった。結局、マクドナルドで昼食をすました、という。

スワビーさんほどの日本贔屓でも日本のレストランや料理店は敷居が高いのである。それにスワビーさんは決して吝嗇ではなかったが、無用、無意味な出費はしない方であった。

＊

私が事務所の責任者をつとめていたころ、私は中南米の特許事務所の中、信用のおける事務所はどんなところか、関心をもっていた。中南米といっても、ブラジル、アルゼンチンだけは縁がふかく、これら二国では信用できる事務所をそれぞれ二つほど知っていたから、その他の国々である。これらの諸国の特許事務所には一方的に私の事務所から商標登録出願を依頼するだけで、相手の事務所からの依頼事件はまったくない。ヨーロッパ諸国やアメリカの事務所のばあい、相当程度に出願事件の相互的やりとりがあるから、自然と提携先の仕事の質を良く知ることができるが、関係が一方的な中南米諸国の事務所は、どれほど品質の高い仕事をしているのか分りにくい。さりとて、これらの諸国を訪ねまわるのは煩瑣であって、時間の浪費のように思われた。

そのことを、あるとき、スワビーさんにお話しすると、中南米弁理士の組織があり、定期的に総会や研究会などの会合を開いているから、一度出席して、顔見知りになったらいい、誰にでも私が紹介する、ということであった。

その結果、アカプルコで開かれた総会に私は亡妻を伴い出席し、スワビーさんからじつに多数の弁理士に紹介していただいた。スワビーさんが誰も彼もよくご存知なのに、あらためて感銘をふかくしたが、結論的にいえば、この訪問は失敗であった。どの国がどういう法制度をもっており、どんな慣行、どんな制度を運用しているかは、書物や各事務所が刊行している案内書、パンフレット類で分ることである。具体的事案にふれて、ある弁理士がどういう考え方をしているか、それがその国の特許庁の考え方とどういう関係にあるか、勝敗の見通しはどうか、などを討論してはじめて相手の弁理士の技量が分る。そうした具体的事案に即すことなく、抽象的説明を聞くだけでは、それぞれの国の弁理士と顔見知りになることはできても彼らの技量や信頼性を判断することはできない。そういう意味で、アカプルコ行は何の成果もあげなかった。

しかし、私たちはアカプルコで快適な休暇を愉しむことができた。私たちが泊っていたホテルはアカプルコの市街地から遠く離れた郊外にあった。プールがあるということだったので、私たち夫婦は水着を持参した。しかし、中年になって体型を気にしていた亡妻はプールに行くことを躊躇していた。だが、やがて亡妻は、河馬みたいなおばさん、おばあさんばっかりだそうよ、聞きこんできて、私だって恥ずかしくはなさそうなの、と弾んだ声で叫んだ。私も亡妻と同行、プールへ行くと、プールサイドには七〇キロ、八〇キロもあろうかと思われる老婦人たちが長椅子に横たわっているだけであった。

私たちはプールに入った。プールは広々としていて、洞穴のようなものもしつらえてあり、変化に富んでいた。私たちは毎日、懇親会は別として、会議には出席せず、プールで日を過し、ゆるやかに時間が流れるように感じていた。

これはスワビーさんが私たちに恵んでくれた好意の余沢であって、スワビーさんに直接関係はない。しかし、スワビーさんを思いだすと必ずアカプルコの日々が懐しく思いだされるので書きとめておく。

*

スワビーさんは一九九〇年六月に亡くなった。その一年ほど前に私はトロントにスワビーさんを訪ねている。彼は湖を一望する景勝の地に建つ、堅牢で洗練された三階建ての高級アパートメントの数室を購入してひろびろした居宅としていた。

私がトロントにスワビーさんを訪ねたのはその半年ほど前に彼が胃癌の手術をなさったと聞いたので、その見舞いのためであった。さすがに窶(やつ)れていたが、相変らず背筋をピンと伸ばし、いかにも嬉しそうな笑みをたたえている容姿は以前と変りなかった。

この日の晩餐でマック夫人がもてなしてくださったロースハムをメープルシロップで煮込んで（？）味つけした料理は、料理方法はつまびらかでないが絶品であった。厚いロースハムの歯ごたえとやわらかさが高雅でほのかに甘いメープルシロップと調和する味わいはこの上なく美味であった。メープルシロップにも当たり年とそうでない年があり、当たり年のメープルシロップの最良品に最良のロースハムをくみあわせた料理を二度と口にすることはありえないのが残念である。

雑談の末、明日はナイアガラの滝を案内してあげようということになった。翌朝、スワビーさんは病み上りだから、マック夫人が運転するのだろうと想像していたが、運転席にはスワビーさんが座り、マックは助手席に座っていた。

途中、ナイアガラ・フォールズという名の美しい町を通った。カナダ側から見るナイアガラの滝は、それ以前に見たアメリカ側からの滝よりも豪壮であった。私たちはポリエチレンの合羽を借りたが、それでも滝の水沫にひどく濡れた。私はいったい自然の造形には感度が鈍いので、カナダ側からのナイアガラの滝が壮観だと言われても、そうですね、と答える以上の感動はなかった。

それよりもトロントからの往復中、スワビーさんの運転はいかにも苦しそうで、見るに

耐えなかった。しかも、マックは、しばしば
「アラン、歩行者に気をつけて」
とか
「アラン、信号よ」
とか注意し、ときにはその声音はマックがスワビーさんを叱咤しているように聞こえた。
私はマックがいつも控え目で出しゃばることのない、落着いた静かな人柄であり、スワビーさんにじつに忠実な連れ合いだと、多年の交際をつうじ、よく知っていたから、マックの発言がかなりに心外であり、また意外でもあった。
いまとなって考えると、あれほど叱咤するまでに励まさないと、スワビーさんはただの老いぼれ老人になってしまうのではないか、最後までアラン・スワビーはアラン・スワビーとして現役であってほしい、というマックの願いがあの叱咤となったのではないか、と私は想像している。マックはスワビーさんにふさわしい賢夫人であった。

＊

アラン・スワビーさんは爽やかな方であった。彼を思うと、私の体を爽風がふきぬける

かの感がある。

和田茂子

私は一九五二（昭和二七）年八月半ばから、いまは大田区中央と改称されている大田区新井宿の、中松潤之助先生がかりに事務所となさっていた先生の自宅に、弁護士として勤めはじめた。大森駅から徒歩でおよそ二〇分の距離であった。大森から池上方面へ行く旧道に門があり、門から一〇〇メートルほど進んだ位置に堅固な洋風の玄関をもつ建物があり、その右手の和風の建物に中松先生ご夫妻がお住まいになり、洋風の玄関をもつ本館を事務所にしていた。本館は元来は中松先生の先代、特許局長をつとめ、辞職して中松特許法律事務所を設立なさった中松盛雄先生の居宅だったと思われる。盛雄先生はその年七月二一日に逝去なさっていた。

私は当時最高裁判事をなさっていた小林俊三先生が父の上司だった関係で、小林先生に司法修習生の課程を修了後の弁護士としての就職先を斡旋してくださるようお願いしていたところ、中松君のところなら、一人くらい採ってくれるだろう、とおっしゃって、中松先生をご紹介してくださった。そこで中松先生にお目にかかったところ、来たいなら来てもいい、だが、敗戦まで事務所があった三菱二一号館が近く接収解除になるだろうから、それから勤めはじめたらどうか、というご返事であった。決して歓迎するというようにはみえなかったが、さりとて、小林先生の顔を立てて、止むを得ず、採用する、といった様子でもなかった。前年九月にサンフランシスコ講和条約が調印され、その年四月に発効していた。中松先生は講和条約が発効すれば直ぐに接収解除になるものと信じておいでになったのだが、現実に三菱二一号館が接収解除になって、事務所が戻ったのは一九五四(昭和二九)年三月であった。ちなみに、小林先生も中松先生も私の旧制一高の先輩であり、小林先生からは先生が最高裁を退官なさってから後もいろいろ好意的で、有益なご教示をいただいた。

一九五二年四月に弁護士登録はしたものの、自宅待機していた私は毎日パチンコなどで時間を潰していたが、まったく収入がないので小遣いにも窮し、盛雄先生のご葬儀を機に、一日も早く勤めさせていただきたい、と中松先生にお願いすることにした。その結果、八月中旬から勤めることになったのであった。

一高入学以降、規則的な生活をしていなかった私にとって、月曜から金曜までは午前九時から午後五時まで、土曜は午後三時まで、片道一時間四〇分かけて大宮から中松先生のご自宅まで通勤することは、はじめての体験であり、ひどく辛かった。事務所に着くと喉が渇いた。お茶を配ってくださるまでの一時間近く、待っていなければならないことも苦痛であった。意外だったことは、当時冷房はなかったのに大森海岸から吹く潮風のため、ほとんど暑さを感じなかったことであった。

仮事務所にしていた中松先生の本宅は、玄関ホールを抜けると右手にかつて応接室に使っていたと思われる洋室があり、この洋室を入ると正面に伊藤堅太郎弁理士の机があり、その向いにも事務机があったが、私が勤めはじめたころは空席であった。やがて特許庁を退職して中松事務所に勤めることになった熊倉巌弁理士がその席を使うことになった。伊藤弁理士は電気関係が専門だが、事務所の大番頭のような立場であった。熊倉弁理士は化学関係が専門であった。

この洋室と廊下を隔てていたと思うのだが、一〇畳か八畳の和室が二部屋並び、ゆうに二〇〇〇平方メートルはあると思われる庭園に面していた。この和室の一つに事務机、椅子などをもちこみ、洋風に事務室として使っていた。この事務室には図面担当の沢登さん、商標担当の向井さん、特許庁に提出する書類等の作成、発送などの担当者であった古畑さん、その助手の四〇歳過ぎと思われる女性、早稲田大学理工科出身で特許出願の補助者であった岡田長雄さん、この岡田さんは後に弁理士試験に合格して弁理士となったのだが、それに堀端君という書生のような若い男性、さらに和田茂子さんが執務していた。

和田さんについては後に詳しくふれるので暫く措くこととし、その事務室の隣の和室を小野良三弁理士が使っていた。小野先生は中松盛雄先生に誘われて事務所に長くお勤めになっていた化学専門の弁理士であった。中松潤之助先生よりも年長であり、事務所では客分のような立場であった。

廊下には数メートルにわたり、五段ほどの棚が設けられ、包袋とよぶ出願事件のファイルがびっしり収められていた。

二階に昇ると、洋室があり、その奥の庭をのぞむ洋室に四つほど事務机があり、その一つを新納克己弁理士が使っていた。新納弁理士は元来キャリアの外交官だったが、どういうわけか弁理士の資格をおもちであった。ちょうど公使、大使などに任命されるような時期に戦争のため外務省が大東亜省と改称したりして、外交関係を維持していた外国の数がごく限られていたためと思われるが、そうした役職に任命されることなく、敗戦により外務省を退職し、中松事務所に勤めて英文の起案などを担当していた。同じ部屋の机の一つを私が使用し、新納先生に私が起案した英文を添削していただくこととなった。新納先生は多年にわたり私の英作文の師であった。

その他、客員として、安達祥三弁護士と能村幸雄弁護士の二人が不定期に勤めていた。安達先生は中松先生と一高同期であり、商工省に入省、その間特許局に出向して工業所有権法改正の仕事に携ったこともあり、工業所有権法関係の教科書も執筆、刊行なさっていた。いわば事務所の法律顧問であった。能村弁護士は私より二期司法修習生が上の方であった。つまり、弁護士として私より二年先輩だったが、勤めていた事務所の先生が急逝なさったため、独立したものの仕事がないので、司法修習生として中松先生の指導をうけた縁から、事務所から依頼されれば、その時に限って事務所の事件を手伝う、といった立場であった。

その他、玄関ホールのうす暗い一隅で筆耕をしている青年がいた。私より数歳年長のようにみえたが、事務所の人々との交際はなかった。筆耕とは、特許庁に提出する書類をカーボン紙を挟んで三部清書する仕事である。西本さんというこの青年は三菱二一号館に移ってから、正式に事務所の所員となり、弁理士試験にも合格して、弁理士登録し、九〇歳を越えるまで勤めてくれた。

このように大森の仮事務所の時代を思い起こすと、中松先生の執務室がどこにあったのか、記憶していないのがふしぎに思われる。二階の新納先生や私が仕事机をもっていた洋室の隣にも洋室があり、その洋室で、中松先生は仕事をなさっていたらしい。先生が私などに用事を言いつけるときは、先生が私の席に出向いてこられた。私が先生の執務室に呼びつけられて用事を言いつけられたことはなかった。

ただ、こうふりかえってみると、和田茂子さんを別にすると、古畑さん、向井さんは六〇歳に近く、沢登さんが四〇歳前後、古畑さんの助手の女性は四〇歳過ぎ、二〇歳代は岡田さんと私だけだから、事務所はかなり年配の方々で構成されていたという感がつよい。

＊

さて、和田茂子さんだが、彼女は一九二三（大正一二）年三月生れだから、私より四歳年長であった。背が高く、目鼻立ちがととのい、ぬけるように肌が白く、一見私と同年ほどに若くみえた。才気煥発、応待にそつがなく、まさに年配者の多い事務所における大輪の花のような存在であった。

彼女は大連からの引揚者であった。大連の女学校を卒業後満鉄に勤めていたので、当時中松先生にお目にかかったことがあったと聞いていた。戦前、事務所は満鉄の特許事務を依頼されていたので、中松先生が大連に出張なさる機会があった。そういう機会にお目にかかった縁で、引揚げ後、事務所に勤めることになったのかもしれない。私はそうしたことを詮索することに無精なので、気にしたこともないし、そのため、尋ねることもないままに終ってしまった。

彼女が「中松ローズ」と呼ばれたことがあったように記憶している。戦争中、対米軍ラジオ放送を担当し、米軍兵士の間で評判になっていた東京ローズと綽名された女性アナウンサーがいた。その美声で米軍兵士を魅惑したという。たしか、米国籍だったため、反逆罪に問われて五年ほど服役したはずである。和田さんは事務所の電話番もつとめていた。一度電話を受けた方が二度目に電話してくると、相手が名のるより前に、彼女はそれがどの会社のどなた様か、ということを聞き分けて、そのように応待した。そういう声を聞き分ける耳の良さと、応接の礼儀正しさ、言葉遣いの丁寧さ、美声などが依頼者の企業の方々を魅了した。そんなことから「中松ローズ」と呼ばれたのだと憶えている。ただ、これは大森に事務所があった時代のことであり、三菱二一号館に移ったころには、所員の数も増え、彼女が電話番をすることもなくなり、こうした綽名も忘れられたはずである。

彼女が「中松ローズ」と呼ばれるようになったのは、耳がよく聞き分けられたためだけではない。記憶力がすぐれていたからであった。彼女は発信簿、受信簿の担当でもあった。事務所から毎日相当数の書簡、通知等が発送され、また特許庁や多くの依頼者から相当数の通知、書簡、指示等を受領する。これらを几帳面に発信簿、受信簿に記録しておかなければならない。発信簿にせよ、受信簿にせよ、たとえば、相手先が特許庁とか、依頼者名を記すだけでは足りない。事件を特定する記号、発明の名称等、最低限の情報が記録されていないと、どういう案件で受信したか、発信したか、後日になって確認できない。さらに受信簿、発信簿の肝要な情報を案件ごとに作成されるカードに転記する。カードを見れば、どういう依頼者からどういう案件を依頼されているか、その案件がどういう状態にあるか、が分るわけである。現在ではコンピューターに入力する情報を手書きで受信簿、発信簿、それにカードに記入していたわけである。

こうした記入の仕事を多年続けている間、厖大な情報が和田さんの頭脳に蓄積される。記憶力が悪い人が担当していれば、どんな情報も記入した担当者の頭脳に残ることはない。

和田さんはいわば中松事務所が取扱っていた案件のすべてを蓄積していた頭脳であった。何かしら案件について分らないことがあれば、誰もが和田さんに訊ねた。明晰な答えがかえってこないことはなかった。三菱二一号館に事務所が戻り、三菱二一号館が新東京ビルの一部に改築されたため、事務所が新東京ビルに移ってからも、そうした状況は変らなかった。その間、所員の数は二〇人ほどになり、四〇人ほどになり、九〇人ほどにまで増えた。和田さんも当然助手のような若い女性に手伝わせていたが、肝心の情報だけはしっかり正確に彼女の記憶に刻みこまれていた。

＊

すでに記したとおり、和田茂子さんは私より四歳年長であった。だから、私が二五歳で入所した当時、彼女は二九歳だったはずである。その当時は、女性の結婚適齢期は、たぶん男性も同様だったはずだが、現在よりもかなり若かったように憶えている。和田さんが二〇歳から二五歳ころ、戦争のため、適齢期の男性はほとんど徴兵されて軍務に就いていた。彼女は適齢期の男性が一般社会にはほとんどいない不幸な世代の女性であった。彼女ほど容姿がすっきりし、頭脳も明晰な魅力的な女性が生涯独身だったのは、一つにはそうした時代のめぐりあわせだったのであろう。
もう一つは家庭の事情もあるかもしれない。私は彼女が住んでいた大塚あたりのアパートにお悔みに伺ったことがある。たしか母君が亡くなったのだった。父君については聞いたことがない。どういう事情か、姓の違う弟が一人おいでになったことは間違いない。彼女はその働きで一家を養っていたのではないか。あるいは、そんなことも彼女の結婚の妨げになったのかもしれない。ただ、矜恃もつよかったから、ほとんどの男性は彼女には見足りなかったのかもしれない。

彼女は私に対していつも年長者として接したが、私が勤めはじめたころ、二〇歳代だったのは彼女の他、私と岡田長雄さんしかいなかったから、若い者同士としてかなり親しかった。事務所が三菱二一号館に移り、新東京ビルに移ってからも、有楽町駅の近くまで昼食をとりに一緒に行ったり、甘いものを食べに行ったりもした。ただし、私と和田さんとが二人だけで行った記憶はない。いつも周辺にいた人をまじえ、三、四人で連れ立って出かけたのであった。

新東京ビルに移った当時は、法律特許関係の案件については私が中松先生の秘書的役割を務め、和田さんが先生の私的、個人的、雑用的な面の秘書的役割を務めることが、外部的にもはっきりしてきた。私は中松先生のオフィスに隣接した位置に狭いながら一定の空間を占める私の執務室を持ち、この執務室の続きには和田さんと彼女の助手の席があった。

昼になると、中松先生は私を誘ってくださった。ふだんは当時仲通りにあった明治屋へ連れていっていただいた。占領軍向けのOSSといった名残りで、メニューも英語、分量も米国軍人並み、それに中松先生は必ずデザートを召し上ったので、私もおつきあいした。おかげで私はめきめきと肥った。二、三週間に一度はいまの帝劇のビルの一角にあった山水樓に行った。このときは和田さん他二、三人もご一緒した。たぶんこれは先生が多種の料理を注文なさりたかったからであろう。山水樓で昼を召し上ったときは、先生は必ずあんまんを注文なさった。私たちも皆お相伴した。ふしぎなことだが、中松先生はこうした昼食に伊藤堅太郎、熊倉巌弁理士、それから特許庁審判部長を退任して入所なさった山本茂弁理士などをお誘いになることはなかった。私や和田さんが先生にとって気のおけない陪食者だったのだろう。

夜も時に先生はご夫妻で、たとえば築地のふぐ料理屋、赤坂のうなぎ屋などにおいでになることがあった。そういう席に私の結婚後は、私ども夫婦がお相伴によばれることが多かったが、それ以前は、私と和田さんがお相伴するよう言われるのが常であった。そのため、馴染みの料理屋では和田さんと私を夫婦かのように誤解することもあった。また、私が結婚してから後も昼の会食のさいは和田さんがお相伴した。
中松先生が私を信頼し、私を気に入ってくださっていたことは間違いないし、和田さんも私と同様、先生に信頼され、気に入られていたと思われる。このことを私は格別のこととは感じていなかったが、事務所の多くの人々はえこ贔屓のように、不快に感じていたかもしれない。

*

一九六五（昭和四〇）年の夏、私は外房海岸の鵜原海岸に遊びはじめ、別荘とはいえない、ささやかな小屋の建築に着手した。その年は間に合わなかったが、翌年には小屋が出来上った。夏前に、中松夫人はじめ事務所の数人をお招きして鵜原理想郷といわれる小さな岬の浜辺でバーベキューをしたこともあった。鵜原では伊勢海老を養殖している。知合の漁師がピチピチはねている生きた伊勢海老を数尾差し入れしてくれた。亡妻はじめ女性たちが尻ごみするのを、中松夫人がさっさと包丁を入れて、料理なさったのも忘れがたい思い出である。大人もお若いときは嫁として苦労なさった時期をもっておいでになったので、料理をはじめ家事万端、嫁としての修業をつんでいたのであった。

盛夏になると、和田さんを何回かお招きした。亡妻も水泳は達者だったが、和田さんも水泳が上手であった。彼女は泳ぎ方が綺麗であった。ちょうど東京オリンピックの開催された後だったので、シンクロナイズド・スイミングが話題になった。若ければ、私もシンクロの選手になるのに、と和田さんは口惜しがっていた。和田さんは私たちに模範演技のような水泳を披露してくれた。良き遊び仲間にもなれる人であった。

何回、鵜原に和田さんを誘ったかは憶えていない。私としては貴重な夏休みの数日を、事務所で毎日顔を合わせている人たちと遊ぶより、安東次男、駒井哲郎らと家族ぐるみで日々を過すこと、また、いいだもも、日高普らと家族ぐるみで日々を過すことの方が、よほど愉しくもあり、有益でもあった。そんなことで鵜原に和田さんをお招きすることもなくなった。しかし、いまとなると、あの見事な、ほれぼれするような美しい水泳はもう一度見たいと思う気持が切である。とはいえ、そう思っても甲斐ないことは分りきっている。

＊

一九六五年ころのように思うが、あるいはそれより一、二年前だったかもしれない。中松先生から事務所を先生の個人事務所から、五人の共同事務所にする、とお聞きした。五人とは先生の他、伊藤、熊倉、山本三弁理士と私との五名をいう。いわゆるパートナー制を採用するということであった。中松先生がそう発意なさったのには、先生ご自身の事情や心境がおありだったのだと思うが、詳しくは知らない。私たちとしては、パートナー制を採用するという先生の提案をたんに名目的、形式的なことと受けとっていた。

そのころになると、先生のご親戚に当たる、元日本銀行勤務の島津さんという方が経理担当として入所しておいでになった。ただ、それまでは、中松先生がお一人で九〇人近い所員の給与をお決めになっていたようである。その全所員の給与の一覧表を私たち四人に配布され、今後は四人で相談して決めてほしいということであった。

私が入所したとき、司法修習生のときの給与はいくらだったかと質問され、年額八〇〇〇円とお答えすると、それなら一万円でどうか、と言われ、一万円と決まった。だいたい、各人の給与は、本人の希望や、それまでの実績を考慮して、本人の同意の上で、先生が決めておいでになっていた。年月とともに自然に事務所員の人数が増えたのだが、給与は、採用の都度、適当に対応してきめてきた結果、この一覧表には一貫した原則もなく、体系もなかった。それまで事務所の経営にまったく関与していなかった私たち四人はこの一覧表が必ずしも公平でなく、合理的でもないことに気づかなかった。この一覧表を基礎にして、年度末の利益を考え、各人の仕事ぶりを評価し、毎月の給与や六月、一二月の賞与の支給額を四人で相談の上で決定した。

和田さんについては、和田さんが事務所の頭脳であり、彼女なしには事務所は一日も動かない、という意見で一致していた。そういう頭脳にふさわしいような額をいつも査定していた。

和田さんの記憶にたよって事務所が動くというのはおかしい。コンピューターを導入し、すべてのデータを入力し、誰もがアクセスすべきだ、という意見が出はじめていた。それもそうかもしれないが、さしあたり困っていないのだから、急ぐことはない、と私たち四人は考えていた。

＊

一九七三（昭和四八）年三月二〇日、中松先生が心筋梗塞のため急逝なさった。当日、「お先に、じゃあ又明日」と言って事務所を退所された、その日の夜一〇時過ぎ、危篤という電話があった。亡妻の運転する車で駈けつけたときにはもう亡くなっていた。享年七七歳であった。いまの私と比べると、ずいぶんとお若い死であった。先生の急逝によって私の立場は激変した。同時に和田茂子さんの立場も激変した。

伊藤弁理士も熊倉弁理士も病気がちであった。山本茂弁理士は特許業務には精通していたが、経営には不向きであった。私が多年中松先生の秘書同様の仕事をしてきて、事務所の業務全体を熟知していることは衆目の見るところだったから、中松先生逝去後の事務所の後始末の責任は私が負う破目になった。当時、事務所員はほぼ一〇〇名であった。私は四六歳であった。私が中松先生にお仕えしたのはほぼ二一年間、その二倍以上の年月が先生の逝去後経過している。

後始末とは、事務所を解散、清算することではない。解散すれば約一〇〇名の所員は職探しをしなければならない。そのころ、事務所の業務はその質がきわめて悪く、信用の低落傾向に歯止めがきかない、といった状態であった。事務所を維持し、業務の質を向上させ、信用を回復することが、後始末の責任者としての最大の最重要な仕事であった。

つけ加えておけば、中松先生の没後、私たちははじめて事務所の帳簿を見た。その結果、パートナー制は名目的、形式的なものでなかったことを知った。事務所の全収入から全経費を引いた残額、いわば事務所の利益は、中松先生がお決めになった比率によって五人に分配されていた。その分配金から毎月持ち帰っていた給与相当額と六月、一二月の賞与相当額を差引いた残額が各人の事務所への預け金として、記帳されていた。この預け金は事務所運転資金の一部に充てられていたが、五人のパートナーの個人資産であることは明らかであった。

＊

後始末の責任者として私が処理しなければならない仕事には、事務所の経理と中松家の個人資産との仕分けとそれに伴う中松家個人資産の中松夫人への返却、中松先生の相続に関する夫人と中松先生のご弟妹との間の分配など多岐にわたるが、それらは和田茂子さんと関係ないので省くこととする。事務所の組織、運営について、四名の弁理士、三名の弁護士が所員を代表して、私にさまざまの苦情を持ちこんだ。事務所の再建はこれら七名の方々と私との交渉の結果如何にかかっていた。

重要な問題の第一が給与体系であった。すでに記したとおり、中松先生も、その後四人のパートナーで給与や賞与を決めるのも、場当たりで、体系的でも理論的でもなかった。

私は七名の方々の要求、苦情を聞いている過程で、彼らの考え方の方が従来の場当たり的方針よりも合理的であり、筋が通っているように感じた。一方で、私は七名の方々にパートナーになっていただいて、事務所経営の権限と責任を分担していただくべきであると考え、そのように伊藤、熊倉、山本各先生にお話しして了解を得た。他方では、標準賃金表を作成し、個人的能力差、功績評価、弁理士、弁護士の資格、経験や実績等は、標準賃金表を基礎に、加算していくこととした。そういう標準賃金表をどのようにして作成したか、その経緯は省略する。そういう標準賃金表に各人の給与をあてはめてみると、和田茂子さんの給与が飛びぬけて、標準賃金表からはみだしていた。和田さんをどうしよう、と相談すると、ある弁理士から、私より多い給料を貰っている人の給与をどうするか、なんてことに口出しはできませんよ、と皮肉を言われた。その弁理士こそ事務所でもっとも有能であり、事務所の特許業務の中核となる人材であった。和田茂子さんの給与をどう始末したか憶えていない。まさか給与を引下げることはしなかったはずである。時間をかけて標準賃金表の金額プラスαに近づけていく、といったかたちで納得してくれるよう、七名の方々を説得したのではないか、と思われる。

この給与のことと、コンピューターの導入とが絡みあっていた。現在までには何回かコンピューター・システムも大改造しているが、この時点が導入の最初であり、コンピューターの導入は遅かれ早かれ、しなければならないことであった。これは、いわば和田茂子さんの頭脳に刻まれていること、日々刻んでいることをコンピューターに移すことを意味した。そのため、和田さんの業務とされてきた仕事が次々に和田さんからとりあげられた。私は和田さんを気の毒に思ったが、何ともならなかった。個人的には和田さんは日々針の筵に坐っているようなものだと感じていたが、私にはどうにもなることではなかった。それに私は、事務所の再建を別として、弁護士の業務処理のため多忙をきわめていた。内心気の毒だと思う以上に、何をする時間も手だてもなかった。

*

一九八〇年初夏、和田茂子さんは大腸癌に罹った。新東京ビルの前で和田さんがタクシーを待っている間、しゃがんでいた、ということを耳にしたときは信じがたかった。身ぶり素ぶりに気をつかい、いつもしゃんとしていることを信条に生きているような女性だったから、しゃがんでタクシーを待つといった不恰好な姿勢を公衆の面前でさらすことなど、私には想像もできなかった。よほど痛みが烈しかったのだろう。その年八月、国立がんセンターで手術をうけ、一旦回復、職場に復帰したが、その間にも癌は処々の部位に転移していたらしい。彼女は放射線治療をうけることになった。私が彼女を東海大学付属病院に見舞ったのはその治療のための入院中であったように憶えている。同病院は新宿へ出る首都高速道路のすぐ隣にあった。その反対の高速道路越しに明治神宮の鬱蒼たる森がそよいでいた。彼女は五〇歳をだいぶ越していたはずだが四〇歳そこそこに見えるほど若々しかった。ずいぶん気丈にふるまっていたが、苦痛をこらえていたのかもしれない。苦しくても表情にみせない性分であった。いまでも新宿へ出るため首都高速道路から神宮の森林に陽が差しているのを見ることがある。その森林のそよぎを見ると和田茂子さんを思いだし、一瞬、胸がしめつけられるような思いが掠める。

新宿から先まで行くことは稀だが、時に首都高速を明大前の方向に進むことがある。右手の眼下に築地本願寺の和田堀廟所がひろがっている。一九八二年一二月二一日に他界した和田さんの葬儀がとり行われた場所である。事務所葬ではないか、と思われるほど、多数の所員が参列した。真冬だったが、日差しがやわらかだった。和田さんを妬んだり、嫌ったりした同僚も多かったはずだが、やはり彼女のずばぬけて高い事務処理能力に信服し、彼女の死を悼む所員が少くなかったのであろう。たまたま来日中だったアメリカの特許弁護士マーチン・フリートの夫妻も参列していた。この霊園の一隅に彼女の墓地があり、埋骨されているはずだ、と霊園を右側眼下に眺めるたびに私は思いだす。彼女を思いだすと懐しく、また涙ぐましいような思いに駆られるのがつねである。

佐野英二郎

久しぶりに佐野英二郎の遺著『バスラーの白い空から』を読みかえし、感動を新たにした。そして、こういう国際的視野をもつ人間愛にあふれ、しかも日本らしい繊細な感覚に描かれた文学作品は、日本の文学作品として稀有のものではないか、と感じた。須賀敦子さんのような見識の高い読者の目にとまって高い評価をうけたが、この遺著が知られること、あまりに少いことを嘆き、一九九二年七月に彼が他界してすでに四半世紀余を経ていること、その間、共通の友人はことごとく他界していることを思い、ふかい感慨にしばらく沈んでいた。私たちはいわば戦後の第一世代であった。佐野英二郎はそういう戦後の第一世代の商社員の典型として、未知の土地に赴任し、それぞれの地域の人々と心をひらいて交流し、私たち日本人に国際的性格の萌芽を根づかせたのではないか、と私は考える。

これほど忍耐強く、やさしく気配りが行き届き、教養高い商社員は稀だったろうと思う反面、戦後第一世代の私たち、企業に属した者もそうでない者も、佐野英二郎と同じような資質をもち、似たような苦労を経てきたのではないか、という思いをふかくする。

「船乗りシンドバッドが真白な鸚鵡をその肩にとまらせながら帆船から降り立った桟橋、それがバスラーの港である。それは、アラブ河と呼ばれる大河の西岸に長く伸びた河港なのである」。

表題作「バスラーの白い空から」はこう始まる。この導入の巧みさは筆者の表現力と身についた教養を示しているといってよい。筆者はそのときが初めての海外旅行であったと記している。メソポタミア北部の耕地帯で産出される穀物を買付けて、神戸向けの船に積込むことが彼に課せられていた仕事であった。彼はホテルに滞在する。

「そのホテルは、バスラー空港のターミナル・ビルそのものであった。したがって、空港ロビーがホテルのロビーであり、そのロビーに続く裏庭は飛行場なのであった。その更に向うは砂漠に直接つながっていたから、食堂の窓から眺めると、滑走路では毎朝早くから陽炎がとび跳ねるように大きくおどり、夜になると遠い空は、油田の廃ガスを燃やす焔で夜通しあかあかと染められていた。それらは全く見慣れない、不気味な光景であった。

ホテルの裏庭が飛行場だとすれば、表の庭はアラブ河であった。あのアラブ河が道路一つへだてた向う側を、毎日かわることない優しさでゆったりと流れていた。そして対岸はどこまでも続くなつめ椰子の密生林であった。椰子林は風に吹かれては、微笑むように、歌い出すように、いっせいに揺れるのであった。それらは何という心の休まる風景であったろうか。河風が快い夜、アラビアの三日月が中空に浮かぶ夜更けには、その昔、アッシリアの王に囚われていたという、かなしい黒人の奴隷娘のことなどが思い起されたりするのであった」。

筆者は、毎日川卜の新市場に出かけ、穀物の集荷のありさまを調べたり、積取船の到着予定を調べるが、状況は芳しくない。産地からの穀物の到着が予定の数量に較べて非常に少い。後に判明したところでは、売主は、穀物の相場の先行が弱いと見て、佐野の商社に空売(からうり)したのだが、売主の予測に反して相場が反騰してしまったため、買集めたくても手が出せない状況であった。事情の分らぬ筆者はただ手を拱(こまね)いているより仕方がなかった。

＊

ここで筆者が挿話を語っているので、途中だが、紹介しておきたい。彼は気晴らしのためにしばしばホテルの床屋に通った。堂々たる口ひげをたくわえた床屋の年若いあるじから聞いた話である。

「彼から聞いたあわれな話を、ぼくは今でも忘れていない。それは、大戦が終って暫くして、彼の友人一家が向う側からの呼び掛けに応じて、その故郷であるべき土地に帰って行った時のことである。別れに当たって床屋はその友人に頼んだのである。

「手紙は検閲されるから何も書いてはいけない。その代り写真を送れ。もしもおまえが幸福だったならば、木の下に立っている写真を送ってくれ。もし不幸ならば坐っていてくれ。それが、坐っている写真ならばおれは帰郷をあきらめるから……」

数ヶ月たって彼が受取った写真の中で、友人は大きな樹の下で、何と、弱々しく横たわっていたというのである。坐るだけでは伝えることが出来ないほどの、大きな不幸にうちのめされていることを知らせたかったのであろうと、床屋はいうのであった。帰るべきその土地に帰ることは諦めたと」。

この床屋とならぶ、もう一人の話し相手である新婚の洋服屋も、筆者の友人のスウェーデン人と連れ立って遊びに行くと、

「「ここはバスラーの国際連合だ」

と、ぼくらを歓迎してくれながらも、その、乳と蜂蜜とが、いつもあふれ流れていたといわれる故郷を追われた無念さを、大声をあげて訴えるのであった。時には烈しく泣き出しては怒り続けるのであった」。

「乳と蜂蜜のあふれる地」カナン、つまりはパレスチナであり、彼らはパレスチナからの難民であった。

「乳と蜂蜜のあふれ流れていたといわれる故郷」といって、カナンとかパレスチナとか明示しない、筆者の抑制された筆致が、余計に私の胸に迫る。筆者はまことに人間愛の人であった。

スウェーデン人の友人は筆者がバスラーに到着の直後日本語で話しかけてきた人物であり、占領軍の一人として日本に滞在したと思われるが、筆者に食事のマナーなどを教えてくれた船舶技師であった。

彼の滞在中、アメリカ空軍の飛行機が不時着した。彼らはその日の早朝パリの近くの基地を発ち、イランまで飛行してゆく途中、故障が生じたためこの飛行場に不時着し、フランスから修繕用の部品が輸送されてくるまで待つことになったのであった。

ホメイニ師のイスラム革命前のイラン、まだイランとアメリカとが親密な関係にあった時期にちがいない。

「不時着してきた飛行機の機長は、とび抜けて背の高い青年であった。主操縦士でもある彼は、スウェーデン人とぼくとを操縦室にまで連れて行き、ぼくらを操縦席にすわらせては、さまざまな装置に触れさせたりした。

彼のすぐ次は機関士（エンジニア）と呼ばれていた士官であった。彼はいつも淡青色のスウェーターを暖かそうに着て、おだやかに笑っていた。あとの四、五人はみな運動部に属する学生のように、屈託なげに振舞っていた。

彼らには戦争の匂いなど全くなかったが、その後数年の間に、世界の様子は非常に大きく変わっていったから、彼らの中の何人かは、そのうちにいろいろな国の空を飛ぶことになったであろう。それらの暗い空を、おそろしい顔をして、高くひくく飛んだであろう。そして何人かはその空から撃ちおとされたであろう。

だが、そのような息づまる瞬間とは永久に無縁であるかのように、あれらの日々、彼らは全くのびのびと動いていた。そして、連日心配の絶えないぼくの様子が、さだめしおかしなものに映ったのであろうか、彼らと顔を合わせるたびに大きな声を掛けてくれたりしていた」。

人間愛とは他人の運命に対する気づかい、心づかいであろう。そういう意味でパレスチナ難民の苦悩への同情もそうだが、「彼らには戦争の匂いなど全くなかったが」と始まる一節などに、筆者の思いやり、気づかいがはっきり認められるといってよい。そうした気づかい、思いやりが人種の違いを越えた人間愛となるであろう。

さて、いよいよ筆者の待ちに待った穀物を船積される日が到来した。結局、穀物の売主が大きな損失を覚悟して、たぶん契約にしたがい、引渡したのである。だが、そのために荷役が二日間ほど止まってしまっていた。

「契約数量全量を積取ってアラブ河を下って行った船を見送ってから、ようやくぼくがホテルに引上げたのは、ちょうど大晦日の夕暮れどきであった」。筆者はスウェーデン人やアメリカ空軍の軍人たちとホテルで正餐をとる。

「年が明けて数日たったころ、皆が長い間待っていた飛行機の部品がようやく到着した。そして、更に数日後の正午ごろ、イランに向って出発することになった。

その日ぼくは早めに港からホテルに帰ろうとしていたのだが、何かの都合で少し遅れてしまった。そして、ぼくがロビーを駈け抜けて、飛行場に出た時には、皆は既に飛行機に乗込んだあとで、扉も閉ざされてしまっていた。そして、ぼくが走って行くのを待ち切れず、滑走路の方へすべり出してしまっていた。スウェーデン人が盛んに手を振っているのが遠く見えた。やがて機は滑走速度を早めてゆき、遠ざかり、離陸していった。

だが、ぼくら二人がホテルの建物さして、黙り込んだまま帰りつつあったときである。不意に背後の空から大きな爆音が近づいて来た。飛び立って行った飛行機が反転して、大音響をとどろかせながら、ぼくらめがけて超低空まで降下して来たのであった。

やがて機首を急に上に向け、翼を大きく振りながら次第に小さく消えていった」。

この話はここで終っていい。人種の違いを越えた人間愛の物語と考えるのが自然だろう。ただ、私は、スウェーデン人やアメリカ空軍の兵士たちにそうさせたのは、筆者の善意であり、誠実な人格だった、と考える。私はここに人種や宗教、部族などの違いを越えて人間同士をつなぎうる絆があると信じたい。

蛇足とも思われるが、この文章の最後に筆者が記した結びを引用する。

「ぼくは、いつか必ずあのバスラーに行ってみるつもりだ。そして、やさしく流れ続けているであろうアラブ河の岸に先ず立とう。ジャスミンのなつかしい香りを確かめよう。それから、あのかなしむ人、怒る人をたずねてみよう。ぼくもまた、今では、充分に悲しく、充分に立腹していると、彼らに告げよう。そのあとで、あの飛行場を歩くのだ。そうすると、ぼくにはわかるのだ。あの飛行機がどこからともなく上空にあらわれ、やがて翼をさかんに振りながら、ゆっくりと降下してくるであろうことが」。

私たちもパレスチナの現状について充分に悲しみ、充分に怒っている。ただ、ついに筆者、佐野英二郎はバスラーを再訪する機会がないまま死去したのだが、二〇〇三年、ブッシュ政権下のアメリカによる無法無謀なイラク戦争の結果、イラク国内の秩序はまったく失われたと聞いている。現在のバスラーは佐野英二郎が記憶しているバスラーとはまるで変ってしまったのではないか。私たちはここでもまた、充分に怒る理由をもっている。

＊

佐野英二郎が東京に勤務していたころ、たしか人事部長を担当した時期があったのではないか。私がそう記憶しているのは、いつか佐野が、

「今度、海外勤務するときはね、誰も行きたがらない、そんな僻地に赴任させてくれ、と上司に頼んでいるのだ」

と言うのを聞いたことがあるからである。私たちの世代では、商社でも新聞社でも銀行でも、その他の企業でも、ヨーロッパ諸国やアメリカなどへの駐在を命じられると、大いに

喜んで辞令をうけとったものである。東南アジア、中南米でも、やはり海外駐在は未知の土地への好奇心から、決して嫌がることはなかった。現在では、ヨーロッパやアメリカなどに赴任するより、日本にいた方がどれほど暮しやすいか、を考えて、海外駐在を決して歓迎しないのが一般的風潮と聞いている。佐野英二郎を考えると、最近の若者は気概もなく、人見知りが烈しく、いわば、人間愛が乏しいのではないか、と感じる。右に記したようなことを申告していた結果、佐野はナイジェリアのラゴスの事務所勤務を命じられた。ナイジェリアは佐野のいう意味で最も社員が赴任したがらない僻地ではないそうである。それでもアフリカ大陸における産油国だから、アフリカの他諸国や諸部族の流入が多く、治安がきわめて悪い。現在はどうか知らないが、佐野が赴任したころの治安については、「西アフリカの春」に次のとおり、彼が書いている。ラゴス到着の翌日のことである。

「翌日は日曜日であったが、朝早くから自動車で郊外まで出かけた。だが、何ということであろうか。街なかの道路わきに、ひとの死体がころがっているのだ。半裸の死体が、野良犬かなにかのように放置され、しかも、そのすぐ脇を、群衆が何ごともなかったかのように通り過ぎているのであった。そのあたりは街外れに近いので、夜おそく高速で走り去る車にはねられて、毎晩のように死者が出るというのであった。その朝、僕はそのような死体を二つまで見てしまった」。

いきなりむごたらしい光景の描写を紹介したが、ナイジェリア到着までの描写が佐野の個性あふれる軽妙な文章なので、これを続けて引用したい。

「かりに、君が朝のロンドン空港を発って、真直ぐ、南に向ったとしようか。乾き切ったイベリヤ半島を越え、ほっとして地中海を渡ったとしても、まだそのさきに、真昼のサハラの白い空を長くながく、飛び続けなくてはならない。多分その頃までには、君の何杯目かの強い酒も、殆ど空になってしまっている筈である。隣席の欧州人も、同様の状態であろう。数ヶ月あとの次の休暇まで、またあのような生活が始まるのかと思えば、お互いに気分は荒れ気味になってしまうのである。

やがて君は遠方に、東洋の海とは異った色の海面を見出すであろう。大西洋に通じるギニア湾である。そして塔乗機は、夕陽をうけて燃え立つようになっている火焔樹の森に向って、降りて行くであろう。そして、君は見るであろう。おどろくほど多彩な木綿の衣裳をまとった女たち、走り廻る子供たちを。長衣をひるがえす手足の長い男たちを。叫び声、争う声、このような大群衆に、君は忽ちまき込まれるであろう。砂ぼこりと共にふり掛かる汗、そして、あのアフリカ人のつよい体臭に、君はまたたく間に巻き込まれるであろう。

このようにして、ようやく君は西阿の土地を踏むのである」。

「西アフリカの春」にもいくつかの挿話が語られているが、その結末に描かれる半裸の男が印象ふかいので、かなりの部分を引用しながら、紹介したい。

「月をあびて眠る門番の男たちの中の一人の青年のことを、僕はいましきりに思い出している。青年は、特別にくろく、屈強であった。いつも上半身はだかであった。或る晩、遠くに見える隣家の庭木に咲いている白い大きな花々が、あまりに妖しく眺められたので、僕は門のそばを通りながら、「あの種類の木が、この庭にもほしいものだ」と独語したことがあった。青年はそれを聞いていたのであろうか。数日後、彼の合図に従って裏庭に廻ってみると、何と水小屋の横手に、数本の裸の小枝が植わっているのであった。折角彼が盗んで来てくれたのであろうものを、簡単にののしることは許されないが、それにしても、それらの小枝は貧し過ぎた。

せめて、何年か経って、僕がまたこの家に立寄る機会にでもめぐまれたならば、その頃には、これらの貧しげな小枝でさえも、白い大きな芙蓉に似た花を、咲かせているであろうとでも、思ってみるよりほかなかった。

或るむし暑い宵、僕は所在なさに、何となく庭に立っていたことがあった。すぐそばに、男たちが腰をおろしたり寝ころんでいたりした。彼らに向って「あの都に」と僕は云った。「あの都に、いつか行ってみたいものだ」

するとと男たちの中から、例の青年が立ちあがって来た。彼は云った。

「あなたが行く時は、おれも行く」、「マスター　ゴオ　アイ　ゴオ」と云った。

僕はやはり、彼のことを決して忘れてはならないであろう」。

クリスマスの頃、筆者は転勤の内示を受けた。

「二ヶ月ほども続いたハマターンが過ぎ去ると、再びアフリカの春がめぐって来た。その春の朝早く、僕は次の任地に向って、いよいよ社宅を出発した。玄関の扉の前に、みんなが集ってくれていた。ババロケ、女房、子供たち、鶏や犬、そして料理人のフライデーと洗濯夫のバシール、女たち、たくさんの子供、皆が大さわぎをしていた。お祭りであった。門番の男たちの中から、いつも半裸の青年が歩き出て来た。「ついて来てくれ」と彼は云った。裏庭、水小屋の横手には、驚いたことに、あの芙蓉に似た花木が、もう僕らの背よりもたかだかと、枝をさし伸べているのであった。しかも、初々しい花を、三つ四つ、ひらひらとさせながら……。

あのアフリカの春を、僕は思い出すか」。

筆者が思いだささずにいられるはずはない。これは肌の色、人種を越え、主従の関係を越えた友情の物語である。人間愛の物語である。ここで私は半裸の青年と芙蓉に似た花木の挿話だけを紹介したが、筆者はこの「西アフリカの春」に描くアフリカの人たちの誰とも同じような友情をいだいている。おそらく筆者には肌の色の違い、文明の違いによる、差別感がないのである。一人の人間と一人の人間という関係で、もちろん与えられた職責はあるにせよ、いかなる優越的感情もなしに、やはり「裸」のつきあいをしているのであり、彼らとの間の友情、人間愛はそういう関係から生れている。筆者はアメリカ空軍の兵士たちやスウェーデン人の船舶技師と接するのと同じように、尊大にもならず、卑屈にもならず、まったく平等の人間として彼らを描いている。

筆者、佐野英二郎はそういう人格の持主であった。わが国の小説家による海外旅行記は数多いけれども、おおむね客として旅人として海外諸国とその人々を観察しているにとどまる。ここまで深い洞察と人間愛にあふれた文学作品を私は他に知らない。

『バスラーの白い空から』の多くはバッハと同じ誕生日であることからセバスチャンと名づけられた、血統書つきの黒短毛の仔犬を誕生後すぐ飼いはじめてから、その死に至るまでの生涯に筆が費やされているし、筆者の愛妻蕗子さんが胃癌で亡くなるまでの悲哀に満ちた闘病記にもかなりの頁がさかれている。しかし、この本の紹介だけであまりに多くを書いてしまったので、ここで同書については筆を擱くこととする。ただ、弁解すれば、同書の記述ほど雄弁に佐野英二郎の人柄を語ることは至難なのである。

*

佐野英二郎はその少年時代を小日向台町に過した。同じ小日向台町に住んでいた、私の都立五中時代の親友出英利と、谷一つ隔てた台地にある関口台町小学校で同級であった。彼らは中学を卒業後一九四四（昭和一九）年四月、ふつう第二早高と略称されていた、早稲田大学附属第二高等学院に進み、再会した。第二早高に入学して間もなく、出は土龍座という学生演劇の上演を計画し、同志を募った。五中の同級生で東京商大に進学した高原紀一が参加し、第二早高の同級生、井阪隆一、山澤貴士らが参加した。旧制一高に進学していた私は彼らの仲間として加わるつもりはまったくなかったが、物見高い好奇心から、彼らの舞台稽古や本読みを何回か見物に出かけた。その当時、佐野も一同の中の一人だったらしいが、私自身はそのころの佐野については記憶がない。間もなく佐野は海軍予備学生を志願して休学、人間魚雷「震洋」に乗りこむために訓練をうけ、川棚突撃隊に配属されたが、終戦となって生還、二年遅れて早稲田大学を卒業、商社に入社した。一九四四年私たちが中学を卒業したころには敗戦の気配は濃厚だったし、一九四五年に入ると敗戦は必至と思っていた。そういう時期に、進んで特攻隊を志願した佐野の思いは私には到底共感できないのだが、それも彼の純粋な一徹さから出たものであろう。

私が佐野と再会したのは一九八一(昭和五六)年一月、出英利の没後三〇年を記念する会合のさいであった。その席で、私たちより都立五中で一年下級生であり、一九四八年九月腸結核の闘病のあげく、服毒自殺した詩人、相澤諒のことが話題に上った。相澤の遺稿詩集が刊行されていないことを知った佐野が、相澤の詩集を出してやらないのは中村稔や高原紀一の怠慢だ、と烈しく私たちを非難した。無名の詩人の詩集を出版してくれる出版社など存在しない、出版するなら、自費出版するより他ないのだ、と説明すると佐野も一応納得した。納得すると、それじゃ自費出版の金を集めよう、いったいいくらかかるのか、と訊ねた。パーソナル・コンピューターのない、活版印刷の時代だったから、費用がかなり必要であった。一頁あたりいくら、三〇〇頁としていくら位だろう、と私が説明すると、じゃおれは何口か出す、みんなその位拠出すれば何も問題ないじゃないか、と佐野がいう。

私はその時いくら募金に応じるといったのか憶えていないのだが、かりにその種の募金は一口二〇〇〇円とすれば、佐野が申出た額は二〇万円、つまり常識からすれば二ケタ多いような額であった。

相澤の全遺稿は妹の森元陽子さんが保管しているということであった。詩集の自費出版の通例を知らない佐野の剣幕に押されて、出席していた一同がかなりの額を出捐（しゅつえん）することに同意した。

私は佐野が詩集の自費出版の事情を知らないこともさることながら、商社で訓練されるとこうして金を集めるのかと思い、また、佐野の金離れの良さに感嘆した。男らしい男だ、ということに私はふかく感動した。

相澤については別に書くつもりだが、私が全遺稿から選んだ選詩集を青土社から同年一〇月に出版した。

この三〇回忌の会合がきっかけになって毎年一月八日に土龍忌と称する出を偲ぶ会が催されることとなり、毎年一度は佐野と顔を合わせることになり、しだいに親しく交際するようになった。

＊

何年のことか憶えていないのだが、やがて佐野がニューヨークに勤務することとなった。たまたま私も用事があってニューヨークに滞在する機会があったので、佐野に連絡したところ、夕食を一緒に食べようということになった。

どういうレストランに行き、何を食べたか、私は憶えていないのだが、佐野が洋傘を二本持ってホテルに迎えにきてくれたことだけを憶えている。雨もよいの日であったが、まだ雨は降りはじめていなかった。用心のために彼は洋傘を持ってきたのだが、それも私の分まで二本持ってきてくれた。私は彼の思いやりのふかさに感銘をうけた。

＊

彼は会社を定年退職後、鎌倉山に住居をもった。いいだももの片瀬の邸に近いので、いいだ邸で集まりがあると私は彼を誘った。彼はいいだの詩の愛読者だったし、喜んでいつも参加した。ある時、彼の住居に案内してもらった。鎌倉山の海とは反対側の斜面を見下す台地の上に建つ二棟の宏壮な邸宅であった。その宏壮な邸宅には亡くなった蕗子さんの遺品をはじめ、彼が勤務した世界各地の産物が記念に並んでいた。

彼は身だしなみが良かった。それもじつに英国風であった。たとえば、靴は必ず靴紐をゆるめて脱ぎ、はくときに紐をしめる正式の型のものであり、スリップオンといわれる、脱ぎはき手軽な靴ははかなかった。自動車はローヴァー・ミニであった。そういえば彼自身小柄な方であった。一人住居なのに、その宏壮な邸宅はじつに綺麗で塵ひとつ見当らなかった。

彼は胃癌の手術をうけていた。間もなく五年経つといっていた。その間、肺気腫もあるという診断をうけていた。一九九二年七月五日、喘息の発作により急逝した。

こうして私はまたかけがえのない友人を一人失ったのであった。

佐野を荼毘(だび)に付した後、彼の遺骨を彼が愛した鎌倉の海に散骨することとした。彼の遺骨の一部を壺に納め、鎌倉の海に沈めた。当日の情景、心情を、私は「抛(な)げ入れよ深紅のバラを」と題する詩に書きとめ、『現代詩手帖』一九九三年一月号に発表した。その後、「佐野英二郎に」という献辞を添えて、詩集、『新輯・幻花抄』に収めた。この詩を紹介し、この文章を結ぶこととする。

抛げ入れよ深紅のバラを、十月の海に。
抛げ入れよユリを、リンドウを、ありとある秋の花々を
瑠璃色の海に、私たちの嘆きをこめて。
見よ、波間に浮きつつ沈みつつ漂う壺を、
わずかな無機質と化したきみをおさめた
白磁の壺を追ってながれゆく花々を。

私たち、たまたまこの星を訪れて、
束の間の生を過ごし、忽ちにこの星を立ち去る者。

今日、台風は八丈島の南に逸れ、相模湾は凪いでいる。
陸と海の間にひしめく家並は由比ヶ浜、
家並の上につらなるみどりは鎌倉山、
右手にくろずんで低い三浦半島。

見よ、鷗が一羽飛来し、花々の間に翼を休める。
ついでまた一羽、そして数羽、一群の鷗が花々と共に、
潮のながれのままに、浮いている、漂っている。
見よ、鷗たちと花々の葬列を、
葬列の間から沖合に向かって歩み去った人を、
海のはてから宇宙の一角に回帰していった人を。

壺はいま波間に没し、
私たちは花々からも鷗たちからもすでに遠ざかった。
ああ、みまかった人はもうはるかだ。

草野心平

高村光太郎の著作を読んでいると、彼がもっともうちとけ、心を開いて話しあい、酒を酌みかわすことのできた友人は、草野心平を措いて他にいない、という感をふかくする。

草野心平編『高村光太郎と智恵子』と題する回想文集が刊行されているが、同書に収められた深沢省三「高村先生と酒」という文章で筆者は、「私の酒は大酒の方であつたし、郷里に疎開後の私は児童会館建設運動を起して居つた当時で、その目的さえ達せられれば酒で死んでも本望だと本気でそう思つて居つた頃なので、高村先生とはずい分お酒の上でも深いお交際をした。酒席ではどことといつて取り得のない私なのだが、三重吉の場合も飲み初めから最後まで私のどこが気に入つたのか、十何年間も私を手離さなかつた。高村先生も私と飲むのは安心らしく、いつも愉快に快飲され殊に彫刻家のH君と二人ともなれば、ハシゴ〳〵で盛岡の夜の更けゆくまゝ痛飲された」などと前置きした上で、次のとおり続けている（なお、三重吉は鈴木三重吉、筆者は『赤い鳥』の挿絵を書いていた）。

「先生は盛岡で飲むほどに草野心平氏を思い出すらしく、草野君が今ここへ来てくれれば面白いナと云って居られた。草野君と飲むと後味がいいと云われ、当の草野君が居らなくても盛岡で飲まれた翌朝はほんとうに後味がいいらしく、湯気のたつ御飯をおいしそうに食べられた」。

同じことを高村光太郎は一九四九（昭和二四）年九月二六日付草野心平宛葉書（書簡番号一六三二）に、

「九月廿一日には小生も花巻にゆき文化劇場で話をしました。もしやと思つて貴下を探しました。時々一緒にのみたいと思ふこともありますが此の汽車賃ではばかばかしい事です」

と書いている。

酒を飲むのに品位、品格というものがあるなら、私は酒を嗜まないため心平さんと酒席を共にしたことがないので、実状はまったく知らないのだが、心平さんはよほど飲酒の品格が良かったにちがいない。ただ、一緒に酒を飲む相手として高村光太郎は心平さんを愛したが、じつは心平さんの詩を認め、次いで人格を愛し、酒席を共にすることを好む、という順序だったのではないか。

高村光太郎に草野心平詩集『第百階級』の序文がある。一九二八（昭和三）年一一月刊、筆者、刊行者はいずれも草野心平である。肝要な論評は以下の文章である。

「彼は蛙でもある。蛙は彼でもある。しかし又そのどちらでもない。それになり切る程通俗ではない。又なり切らない程疎懶ではない。真実はもつとはなれたところに炯々として立つてゐる。このどしんとはなれたものが彼にとつての不可避である。其れが致命的に牽く。

蛙は幾変転する。憂鬱、暢舒の、エロチシズムからはじめて生きてゐるあらゆる明暗に潜入する。蛙は一切を内側に感覚する。内側のあらゆる感覚が直ちに人生へのコレスポンダンスを意味すると言つては、余り西洋臭すぎる程、それは一如だ。まつしろい腹も、三寸出てゐる髪の毛も、逆歯も、冬眠も、蝮の胃袋の中も、第百階級をニヒルの巣窟と見る者は浅見の癡漢、第百階級は積極無道の現実そのものだ。だからいくらでも突進する」。

この評は、『猛獣篇』のすべてでないにしても、少くとも一部において共通している。だから、この序文は次の冒頭に始まる。

「この世に詩人が居なければ詩は無い。詩人が居る以上、この世に詩でないものは有り得ない。詩でないものは、メンロヲ　パアクの工場のひき出しにもかくれて居ない。（中略）詩人草野心平の存在は、不可避の存在に過ぎない。云々なるが故に、詩人の特権を持つ者ではない。云々ならざるところに、既に、気笛は鳴つてゐるのである。云々以後は千差万別」。

草野心平が高村光太郎の詩集『猛獣篇』の刊行に執着したのは故なしとしない。そのように高村光太郎は草野心平を詩人として、また、人間として見ていたから、自ら酒席においても心おきなく酌みかわす関係が成立したのであった。

それ故、高村光太郎は一九四六（昭和二一）年四月六日の日記に、「昨日の川鍋東策氏よりのテガミにより、草野心平君の消息わかり、又黄瀛の生きてゐた事もわかる。尚草野夫人の窮状を知り、200圓の小為替を石城の夫人に送らんと思ふ」と花巻郊外太田村山口の山小屋で独居自炊している間に記すことになったのであろう。私は高村光太郎の范洋なる中国大陸の風土を象徴したような黄瀛の彫刻作品が好きだが、草野心平を高村光太郎にひきあわせたのが黄瀛であったことも知られているとおりである。この記述中、草野心平の消息が判明、安堵したことはともかく、草野夫人に生活費援助のため送金するつもりだと書いているほどに高村光太郎は草野心平を気にかけていたのであった。高村光太郎が草野夫人に二〇〇円送金したことは四月七日の日記に記している。草野心平が帰国し、郷里の福島県上小川村に着いたのは一九四六年三月三一日であった。

この年九月下旬、草野心平は太田村山口に高村光太郎を訪ねているが、当日前後の日記は欠落しているので、引用できない。これにかえ一九五一（昭和二六）年一二月に草野心平が高村光太郎を訪ねたときの日記を引用したい。いかに高村光太郎が草野心平をもてなしたかを知ることができる。

「十二月七日　金

晴、午前東京より横田正治、佐藤文治といふ二人の青年学徒来訪、そのうち草野心平氏来訪、昨夜関登久也氏宅泊りの由、いろいろのもらひもの、キロリで暫時談話、後洋服をあらためて一緒に出かけ、花巻伊藤屋にて四人でビール等、草野氏と共にタキシで臺温泉松田家にゆき一泊、ビール等〈（あんま）〉

十二月八日　土

朝雨後晴、昨夜妓のうたをきき二時にねる、花巻温泉まで歩き、花巻より盛岡までタキシ（2000圓）、よきドライブ。多賀園にて支那料理をくひ、その間に余は放送局にゆき新年放送年賀の言葉を録音。昨日放送課長澤田氏の懇望ありしによる、後菊屋にゆく。堀江赳氏夫妻にあふ。又お民さん来る、酒、お民さんの長唄の師匠といふ人三味線持参、「遠藤盛遠」の一節をかたるのをきく。此の師匠のくだらぬ長談議あり、二時過ねる、咳多く出る、夕方便

十二月九日　日

晴、朝、草野氏と散歩、デパートにて買物、中食後、タキシにて花巻まで。やぶにてビール、清六さんに来てもらひあふ。二時過タキシにて山口まで、学校により、夕方小屋につく。少々疲れる、便夜早くねる、やはり自分の小屋がよし。雪とけたり」。

草野心平が訪ねてくると、用事のあった盛岡放送局における録音のため盛岡行にも同行させ、二泊、毎晩午前二時に寝ているのはそれまで酒を酌みかわし、談論風発したからであろう。

高村光太郎は草野心平にいろいろなかたちで金銭的援助をしているが、それは省くこととし、詩集『典型』を草野心平に贈呈、他に誰にも贈っていないことからみても（一九五〇年一一月八日付草野心平宛葉書、書簡番号一八〇五）、『典型』を何としても草野心平に読んでもらいたい、他の誰にも読んでもらう必要はない、とまで草野心平の評価を重視し、また

彼を信頼していたことが明らかである。そういう意味でも、草野心平は高村光太郎にとって特別な存在であった。

ところで、草野心平は一九五二年三月、白山通りの初音町に「火の車」を開店した。草野心平の随筆「火の車」によると、「もともと「火の車」といふ飲み屋をはじめようと思ひたつたのも生活が火の車だからだつた。少し上品なこじつけをつけ足せば、散文は書かずに飲み屋のあがりで生活し、あとはぼつぼつ詩だけを書きたい。そしてもしもたんまりたまつたならば、やがては折も来ようから、それをにぎつて海を渡つてゆきたい」という意図に出たものだという。十和田湖の裸婦像の制作のために上京した高村光太郎は、裸婦像制作にあてるのは午前中だけとし、午後は来客との応待、外出して用事をする、といった日課だったが、この間かなり頻繁に「火の車」に通っている。これは「火の車」の営業を援助することも目的だったにはちがいないが、草野心平と顔を合わせることも重要な目的だったはずである。

高村光太郎が上京したのは一九五二(昭和二七)年一〇月一二日であった。その後「火の車」を訪ねた記述を日記から抄記すると次のとおりである。

十二月十五日　夕方火の車にゆく、坂本七郎氏にあふ、中野のジンギスカン料理につれてゆかれる、十時帰る。

一九五三年三月三日　草野君もくる。夕食、後松下氏と「火の車」又新宿、トトヤ、ナルシス等による。

三月十五日　火の車に立より又東方亭により、十時過かへる。

四月五日　夜新宿　火の車、新宿よしだ、十二時頃かへる。

四月十五日　車坂にてスッポン錠、浅草江戸子天ぷら、火の車、新宿よしだ。

五月六日　夜火の車行、ラジオでダミアをきく。十一時過かへる。

この後、六月四日、高村光太郎は草野心平と共に普茶料理千光園にゆき、同所で裸婦像完成の報告会を催すことを決め、六月一六日に青森県副知事、佐藤春夫夫妻、土方定一、草野心平、谷口吉郎らを招いて報告を行っている。

「火の車」に戻ると、橋本千代吉『火の車板前帖』には次の挿話が紹介されている。

「高村さんは酔われるとなかなか面白く、羽左衛門の声色は堂に入り、にこにこと笑われながら、

「なあ、これが今の播磨屋じゃ、こうはいかないなあ、ウオ、オー」
などと吉右衛門の声質をそっくりとらえて発声されたりして、心平さん共ども大笑いで愉しい一夜はいつ更けるともなく更けていった」。

この挿話は高村光太郎がいかにも江戸ッ子らしい粋な人格の持主であったことを明らかにしているが、同時に、たぶん滅多に披露することのない隠し芸を思わず演じてしまうほど、草野心平を相手にすると、高村光太郎は心を開いたことを示しているのだと思われる。高村光太郎と草野心平の尋常一様でない親しい関係は、まだ多くの事実によって裏づけられるが、本項は彼ら二人の交友を描くことが目的でないので、この程度で止めることとする。要するに、草野心平はこれほどまで高村光太郎に愛された人物であった。

*

私が草野心平さんの面識を得たのは、たぶん一九五〇（昭和二五）年、中原中也について、中也と「歴程」の関係をお訊ねするため、お目にかかったときであった。草野心平全集の年譜によると、心平さんは一九四九年八月、「練馬区下石神井一ノ四〇三に転居。これは御嶽神社の社務所で、時々神主と間違えられ、お祓いを頼まれたりした」とあるので、この社務所の住居をお訪ねしたのである。社務所とは気づかなかった私は、ずいぶん変った建物にお住まいになっていることに感銘をうけた。心平さんが初対面の私に、それこそ一〇〇年の知己を迎えるような、私の心がとろけるような微笑を浮かべて応待してくださったことが印象的であった。ただ、中原について何をお聞きすべきか、私は分っていなかった。私が大岡昇平さんのお手伝いとして編集していた中原中也全集の年譜に書きこむべきだと考える事項をお聞きするだけで、私は事足りると考えていた。そのため、中原中也の本質を論じるさい、参考となるような事柄についてはまったくお訊ねしなかった。恥ずかしい限りだが、私の記憶にふかく刻まれているのは心平さんの暖かい、穏やかな、しかし俗人と違った野人風の風貌であった。

その年六月、創元選書で『草野心平詩集』が刊行されている。あらためてこの詩集を読み、私は心平さんの発想に驚異を覚え、その作品に感動したのだが、この詩集の贈呈署名本が私の書庫の一隅に保存されているはずである。その詩集刊行の用事もあり、翌年二月には、やはり創元選書で『続宮沢賢治詩集』が心平さんにより編纂刊行されているので、心平さんはしばしば創元社の編集部に顔を出しておいでになった。私も中原中也全集の編集作業の関係で創元社の編集部を訪ねていたので、相当の回数、私は創元社の編集部で心平さんにお会いし、かなり親しくなった。

その前後、一九五〇年九月、私は最初の詩集『無言歌』を書肆ユリイカ・伊達得夫に出版してもらったので、その一部を心平さんに差上げた。

『無言歌』については二、三の反響があった。その一つが一九五一年六月に刊行された草野心平選・羽田書店刊の『日本恋愛詩集』に『無言歌』初期詩篇中の二篇「壱年」「時は尽きず……」を収めていただいたことであった。この『日本恋愛詩集』には高村光太郎、萩原朔太郎らを含め六〇名の詩人の作品を二、三篇ずつ収めているが、戦中、戦後の詩人としては、会田綱雄、和泉光雄、木原孝一、黒田三郎、嵯峨信之、新藤千恵、田村隆一、鳥見迅彦、中村眞一郎、中村稔、野間宏、日高てる、藤島宇内、三好豊一郎、原民喜といった人々で、戦後の「歴程」の主力メンバーとなったと思われる山本太郎、宗左近、宇佐見英治、生野幸吉、矢内原伊作らは誰もその作品が収められていない。私の二篇はいずれも一七、八歳ころの作で、恋愛を夢みていた時期のものであり、まことに幼稚な作品である。これらを収めてくださったのは心平さんの私に対するよほどの好意によるであろう。

そういえば、一時、私が「歴程」の同人として記載されていたという話を聞いたことがある。私は「歴程」の同人になったことはないし、心平さんから同人になるよう誘われたこともない。ただ、心平さんが私を若い仲間の一人とみなしていたとしてもふしぎではないと考える。私は酒を嗜まないから、酒を酌みかわすことはできないし、事実そういう機会をもったこともないが、私は、高村光太郎ほどでなくても、心平さんが好きだったし、心平さんも私に好意をもってくださっていたにちがいないと信じている。

*

心平さんは苦労人であった。窮乏の苦労から時には高村光太郎に無心したりもしているが、それだけに人間通であり、寛容でもあった。

『草野心平日記』第一巻（第四回配本）の栞に、この日記の整理、編集、刊行に心血を注いだのではないかと思われる晒名昇さんが次のとおり書いている。

「昭和二十一年三月に中国から引き揚げた後、自らは胸部疾患を養う身で、十八人の大家族を抱え、窮乏と病苦とたたかいながら文学活動を再開し、定職をもたずに詩人として生きつづける生活は、今日のわれわれの想像をはるかに超えるものがあります。そうした境遇にあっても、心平の周囲には有名無名を問わず実に多くの人々の出入りが常にありました。一巻の編集作業を通じて、詩人の求心力と包容力の大きさに驚くのは、編集担当者の感慨に止まらないところと確信します」。

私はこの感想にまったく同感である。同感した上で、以下に抄記する第一巻所収の一九五五年の日記を読むと、この求心力と包容力とはまた酒を酌みかわすことと不可分に結びついていると思い、酒に酔うことによって人間性が手にとるようにあらわれることを思い、若干、時に失笑を禁じえないのである。

「九月三日　土
田村茂、三八と飲む。ドレスデン。会田、森谷、鳥見とのむ。

九月四日　日
宿酔、発熱。

四時、森永にあひ（チクマ）、高村さんにゆく。

仕事山積の感。

高村さん行はチクマの土井君、エビサワ君。あとで藤島君きたる。ビールとサントリーをのむ。

ひどく酔ふ。あとで帰ったのを憶えてゐない。それから新宿で四五ケンのんだらしい。本もメガネもない。

すし屋から自動車にのってかへったらしい。

九月五日　月
朝、ひどい宿酔。

夜、外村繁君とクルマで新宿へ。

そして火の車へ。方君壁さんが倉岡君と一緒にきてゐる。三人で秋田へゆく。ショッツルと釜めし。方さんよろこぶ。バッカスへ、そしてのむ。

四八にシャシンをとってもらふ。二人かへり、こっちは残って中島健蔵とのむ。

九月六日　火
矢張り今日も宿酔ひの気味である。なんともなさけない。今日から気をつける。

九月七日　水
疲れてゐるので一日ぼんやりしながら客に接する」。

酒を嗜まない私には、こうした生活は想像も難しい。嫌悪感さえ覚えるのだが、私がいつも同人誌をはじめとする集団から孤立しており、求心力も包容力もないのも致し方ないのだろう。

＊

いったい心平さんは独創性の強い作品で知られているし、その高い独創性により新しい世界を開いた。どの詩を例にあげてもよいのだが、『第百階級』冒頭の知られた作品を読んでみよう。題は「秋の夜の会話」。

さむいね
ああ　さむいね
虫がないてるね
ああ　虫がないてるね
もうすぐ土の中だね
土の中はいやだね
痩せたね
君もずゐぶん痩せたね
どこがこんなに切ないんだらうね

腹だらうかね
腹とつたら死ぬだらうね
死にたくはないね
さむいね
ああ　虫がないてるね

誰がこんな二匹の蛙の会話を想い立つことができたか。寒い死の待つ世界はじつに千万の比喩に耐えられる、豊かで凄絶な人生である。心平さんはそうした高い独創性と強い個性のあらわれた作品によって詩人として登場し、生涯、その独創性、個性を押し通した。

私はたぶん一度だけ「歴程」の会に出席したことがある。詩人だけでなく、社会的な著名人が次々に指名され、演壇に上ってスピーチをした。たしか三分間スピーチといったのだと思うが、三分間経つと鐘がなり、三分間を越えるスピーチは一分ごとにいくらかの罰金を支払うきまりであった。スピーカーとして指名される方は社会的著名人であったが、冒険家その他新しい世界をきりひらいたことによって世間に知られることとなった方々であり、心平さんの好みが、人間についても、新しい未知の世界を探険、開拓した独創性の高い人々に向けられていたことを示していた。三分間を越えると罰金が主催者、つまりは「歴程」の会に支払われるというきまりは、一面ではあまり冗長なスピーチによって演壇を長時間独占してしまうスピーカーを排除すること、できるだけ多くの人にスピーチさせることが狙いであったが、逆に、ある程度たっぷりと時間をとったスピーチによって聴衆を魅惑し、同時に主催者「歴程」の財務に貢献させるためでもあった。

こんなきまりはそれ自体がユーモアに富んでいるので、聴衆やスピーカーをはらはらさせることとなり、鐘がいつ鳴るかを緊張感をもって待たせることとなり、それだけスピーカーのスピーチに耳を傾けさせることとならざるをえない。考えてみれば自分が営む飲み屋に「火の車」と名づけるのも人をくった奇抜さがあるが、こういう三分間スピーチという発想の奇抜さも人をくったもので、しかも笑いを誘う評容範囲にとどまっている。

こうした奇抜な発想は心平さん独特のものであり、心平さんが多くの人から愛された所以の一部をなしていた。

ついでだが、心平さんは若干福島訛り、東北弁がぬけきれていなかった。利根川を越えると東北弁がはじまる、とまではいえないにしても、かなり訛りが残る人が多い。たとえば、栃木県大田原出身の私の友人は二〇歳前から以後東京で暮らしたにもかかわらず、栃木訛りが終生ぬけなかった。埼玉県大宮育ちの私は東京府立五中に入学したとき、大宮訛りを意地悪い山手育ちの級友たちにずいぶんと嗤われた覚えがある。いま、私はまったく大宮訛りはないと思っているが、時に、これは大宮の方言ではないか、と思う言葉を使うことがある。

心平さんには確実に福島訛りが残っていた。大田原出身の私の友人はその栃木訛りによって人柄の実直さを話し相手に感じさせたので、むしろ栃木訛りによって得るものの方が多かったが、心平さんのばあいも、その福島訛りが心平さんの愛嬌であり、朴訥な感を与え、心平さんの魅力の一部となっていた。私は心平さんを思いだすと、必ずいかにも優しそうで穏やかな口調と共に福島訛りを懐しく思いだして、何かしら涙ぐましくなる。

心平さんの独創性に戻ると、当初の「歴程賞」の人選もやはり心平さんの考えにちがいない。第一回の歴程賞は書肆ユリイカこと伊達得夫に彼の死没直後に贈られた。第二回の受賞者は辻まことさんであった。後に私自身藤村記念歴程賞を詩集『浮泛漂蕩』により授けられ、いまでは、詩人・詩集を対象の賞となっているが、いわば戦後詩を縁の下で支えた伊達のような人物に賞を贈るということは心平さんならではの発想である。私の理解する限りでは、心平さん自身は伊達とは通り一遍のつきあいしかなかったが、昭森社の森谷均さんとはずいぶん旧くからの知己であったはずである。

私の考えでは藤村記念歴程賞は心平さんの死後、どこにもある、いくつかの詩の賞の一となり、その独創性を失ったのである。

＊

私は書については断然高村光太郎の書が好きで、彼の書ほど規矩正しく、大らかで、のびのびした風格の字を書く人は、中国の故人は別として、他に存在しないと思っている。心平さんの書は上手だが、かなりクセが強く、高村光太郎の書には遠く及ばないと思っている。

ただ、心平さんは時々、売るための書の展覧会を何回か催した。その都度、案内を頂載したので、私は必ず拝見に出かけた。書の値段はどう決めるのか知らないが、どれもかなり高価に思われた。アクの強さが気になって、なかなか買う気にはならなかった。

ある時、銀座の画廊で展覧会が開かれたことがあった。出かけてみるとたまたま吉岡実が会場にいた。二人で展示されている心平さんの書を気佷に論評しながら見てまわった。その間、次の文字を書いた書に目がとまった。

夜久毛多津伊豆毛夜弊賀岐津麻伍微爾夜弊我岐津久流曽能八重垣袁

いうまでもなく、古事記所収の日本最古の歌謡

八重立つ　出雲八重垣　妻籠みに　八重垣作る　その八重垣を

を原文の万葉仮名で表記したものである（手許の小学館版『日本古典文学全集』の「古事記」によると、「夜久毛多都」と表記されており、「都麻碁微爾」と表記されているので、心平さんの表記は若干違っている。心平さんの気まぐれによる誤りかもしれない）。

私が目にとめて凝視していたところ、吉岡が、あれを買っとけよ、と強く勧めてくれた。そこで、私は買うことに決めた。この書は私の寝室の壁に掲げているので、毎日毎夜私は眼にしてなじんでいる。たしかにクセが強い書だが、見馴れてくるとそう気になるわけではない。

心平さんの書については、もう一つ書きとめておくことがある。わが家の表札は、亡父が書いてくれたものを多年掲げていた。亡父はかなり能筆で品の良い文字を書いた。私は

亡父の形見でもあり大切にしていたが、多年風雨にさらされているうちに、割れてしまった。そこで、どうしようかと考えた末、心平さんに書いてもらおうと思い立った。人を介してお願いしたところ、心よく承諾してくださり、やがて届けてくださった。

表札は二枚あった。一枚は私の名を楷書で、もう一枚は行書で書かれていた。どちらも素晴しいものであった。だが、表札の側面に「心平書」と書かれていた。これを掲げておいたら、見る人が見れば心平さんの書と気づくにちがいない。そう思案してみると、とてもわが家の門に掲げるわけにはいかないという結論となった。

そのため、切角書いていただいた「心平書」の表札は、しまいこんで、私が悪筆で書いた表札を使うことにした。

そんな事情から、楷書で書かれた「心平書」の表札は日本近代文学館に寄贈した。行書体で書かれた表札はいまだにしまいこんだままになっている。

しかし、時々とりだして眺めてみる。その都度、掲げてみようか、と思い、待てよ、早まってはならない、と思いかえすのである。これも結局は日本近代文学館に寄贈してしまうことになるであろう。

＊

私が心平さんを尊敬するのは、最晩年まで詩作を止めなかったことにある。一九八六（昭和六一）年刊『自問他問』に至る一二冊の年次詩集は、たしかに詩想涸渇しているのだが、なお、心平さんが感情・感想を詩として表現する、という意欲を最晩年まで失わなかったことを示している。心平さんは最後の最後まで詩人として生きた。この年次詩集一三冊を「歴程」同人でもない私にまで贈ってくださったことを私は私への励ましだと思っている。『自問他問』から私の好きな一篇「わが散歩」を引用する。

ゆうら。
ゆらゆら。
いま歩いてるこの徑は。
もとは冬涸れの田ん圃だつたな。
凧揚げをしてるオレのまはりには。
玄やペン。魚屋のケネディも遊んでゐたな。

甲州犬の玄。
ホイペット種のペンももうゐない。
わが五光畑のはじつぽの。
〈草野家累代の墓〉のなかに眠つてゐる。
あの頃は田ん圃の畔の野火をしてから。
天の繪ハガキの凧揚げをやり。
さうして今は。
脚はゆらゆら。
獨眼。
遠耳。
うしろからくる自動車（クルマ）だと。
車輪（クルマ）の音もきこえない。
もう一人歩きは駄目だといふ定評だ。
以前は魚屋・雑貨屋・八百屋なんかの買ひ出しから。
オン自らの料理の棟梁だつたが。

いまはどうして。
獨眼。
遠耳。
靴も布製の。
北京靴。
〈クルマアブナイ〉
買ひ出しも散歩も独り歩きはゆるされない。
櫟林のなかの小徑も。
お茶の並木の傍の小徑も。
子供の自転車の不意打ちもある。
すべて變テコになつたものだ。
たまの散歩も一段落と。
出迎へのリオと一緒の二階への階段も。
手ぶらでは無理。
手すりにつかまつてのハアハアだ。

そして物干台改造のアトリに胡坐（アグラ）かいても。
不盡は見えない。
　ビルのおかげだ。

老来、挙動不自由になった自己を客観化し、戯画化し、読みおえると、老いの哀しさに読者の心は満たされる。やはり、心平さんの詩はやさしいが、哀しい生を描いている。これが多くの人から好かれた心平さんの人柄であった。
心平さんは一九八八年一一月一二日に他界した。享年八五歳。いまの私よりお若いが充分生きぬいた感があり、私は訃報を聞き、巨星堕つと思った。

大野正男

私の生涯で出会った人々の中、頭脳明晰、博学多識、すぐれた論理構成力、卓越した思弁的能力などによって、私が圧倒された友人知己は二、三にとどまらないが、こうした能力に加えて、雄弁という要素を考慮すると、大野正男に匹敵する人物に出会ったことはない。大野は多年弁護士だったが、弁護士としても、たとえば私が一応専門としているとみられている知的財産権訴訟などの分野の弁護士を別とすれば、私は大野の右に出る人を見たことがない。

大野の雄弁に何回か私は接しているが、圧巻だったのは、彼の結婚披露宴における花婿としてのスピーチであった。だいたい結婚披露宴においては花婿は正面に花嫁と並んで退屈そうに席を占め、祝辞、挨拶などを聞くだけの存在にすぎないのが通常である。私は結婚披露宴で花婿がスピーチするのを聞いたのは、大野正男のスピーチが初めてであり、その後、大野に倣ったと思われる橋本一明のスピーチだけであり、その他には記憶がない。その橋本一明のスピーチは雄弁という点でも内容の点でも聞いている私たちが恥ずかしくなるようなもので、大野のスピーチとは比較できるようなものではなかった。

大野のスピーチは結婚に至るまでの経緯を語り、さまざまの障碍があったことを語り、それらを克服して当日に至ったことを語り、夫婦として築く家庭の未来への抱負を語ったものだったと憶えている。声音はおおむね抑え気味で静かであったが、適度の抑揚があり、時にはつよく訴えるかのように張りつめた音声で語った。満座は水をうったように静まりかえっていた。私など涙ぐむ思いで耳を傾けていた。出席者の誰もがふかい感銘にしびれているかの感があった。

その結婚披露宴はそういう意味で忘れがたく感動的であったが、ついでに清岡卓行の祝辞を思いだす。最近、大野君の書いた文芸時評中「白い肉体」という言葉が頻繁に出てくるので、ふしぎに思っていたところ、本日の結婚披露宴に出席し、腑に落ちた思いがする、と清岡は語った。著名な弁護士であり、枢密院議長をつとめた原嘉道を祖父とし、大蔵次官をつとめた大野龍太を父とする大野正男の一家は、いわば上流階級に属するから、清岡の祝辞は大野の家族の方々の顰蹙（ひんしゅく）を買ったそうである。清岡としては親しみをこめた軽い諧謔のつもりだったにちがいないが、必ずしも清岡の意図したようにうけとってもらえなかったのである。

＊

そこで、大野が弁護士になる以前の文学的活動についてふれておきたい。この当時、大野は『新日本文学』に次のとおり寄稿していた。以下括弧内は筆者名である。

一九五三年九月号　文芸時評　政治への接近（濱田新一、大野正男、清岡卓行）
一九五三年一〇月号　文芸時評　小説と詩の行方（濱田新一、大野正男、清岡卓行）
一九五三年一一月号　文芸時評　テーマ喪失の文学（濱田新一、大野正男、清岡卓行）
一九五三年一二月号　文芸時評　テーマ喪失の文学（二）（大野正男、清岡卓行、村松剛）
一九五四年二月号　読書ノート　新しいリアリズムの方向（大野正男、村松剛、清

岡卓行）

一九五四年三月号　読書ノート　文学批評の起点（大野正男、村松剛、清岡卓行、米川和夫）

濱田新一は日高普のペンネームであり、日高、大野、清岡、村松、米川和夫、みな私たちが当時刊行していた同人誌というべき雑誌となった時期の『世代』の仲間である（同人誌といえないのは、同人費を誰も支払っていなかったし、同人費によって雑誌が刊行されたわけではないからである）。私はこの連載にまったく関係していないので、どういう事情か分らないのだが、これらの連載は三名（一回だけ四名）の連名になっているが、掲載された文章のどの部分を誰が執筆したかは示されていない。三名（または四名）の討議の結果、三名（または四名）の見解として発表したようである。そのためには、あらかじめ三名（または四名）で討議し、その討議結果にもとづき誰かが執筆し、その原稿をまた三名（または四名）で検討し、推敲すべき個所は推敲し、その上で『新日本文学』編集部に原稿を送ったのであろう。こうした連載の期間中、ことに清岡と大野は親交をふかめたにちがいない。

大野の結婚披露宴における清岡の祝辞によって、はからずも一九五四年二月号に掲載された「新しいリアリズムの方向」が大野の執筆によることが明らかになったわけである。あるいはこの読書ノートでは五冊の著書を採り上げているので、五冊中の伊藤整「火の鳥」の感想だけを人野が執筆したのかもしれない。これらの連載の執筆者のすべてが他界した現在、確かめようはない。

「火の鳥」について、「まず話の筋を紹介しておこう」と記し、「生島エミは薔薇座の主演女優である。虹のように日本社会の上にかゝつて輝く地位と名声をもち、英国人の父親が設定した終身年金を貰つている。白壁のように白く、自分でもうっとりする位美しく、鏡の前に何時間座つて見入つても飽かない肌をもつていた」とはじまり、三段組みで約四頁にわたり感想、批評を記しているが、一段は一行二〇字、二五行だから一段五〇〇字、全体で四〇〇〇字詰一五枚分が「火の鳥」評にあてられているわけである。その中、二頁目上段の五〇〇〇字の中に、「白い肉体」という言葉が四回使われている。これは清岡卓行に揶揄されても仕方のない頻度だが、もちろん大野の結婚とは何の関係もない。「火の鳥」は観念小説であるが、「観念小説として、少くとも他の数多くの現実的余りに現実的な小説よりも遙かに秀れて、現在の情況を画きえたところに」大野は「火の鳥」が傑作という第一の理由をみているのだが、この観念性を印象づけるために女主人公の「白い肉体」を強調したのであろう。ただし、私自身は「火の鳥」を結局観念的にすぎて現実性の乏しい失敗作としか評価していない。

大野は一九五四年四月に弁護士登録している。私は一九五二年四月に弁護士登録していたので、大野らが『新日本文学』にこうした連載をした当時、私は司法修習生であった。彼は旧制一高でも東大法学部でも私より一年下級生で、同じく東大在学中に司法試験に合格していたが、たしか某教授の推薦である銀行に採用されることが決まっていたので、一年間、義理で銀行に勤めたため、司法修習生になるのが一年遅れたのである。どういうわけか、私は結婚披露宴の清岡の祝辞を聞くまで、彼らがこうした連載を発表していることを知らなかった。いまでは知る人も少いと思われるので付け加えておけば、『新日本文学』は共産党員であった文学者たちが編集、刊行していた雑誌であった。ただ、執筆者は共産党員に限られず、進歩派と目される人々に門戸を開いていた。この当時は、村松剛をふくめ、私たち『世代』の仲間たちは進歩派とみられていたのであろうし、彼らも『新日本文学』に連載することによって進歩派ないし左翼とみられることに躊躇しなかったのであり、そういう時代であった。

そこで『世代』に戻ると、ガリ版で復刊した通巻第一一号に大野は「ニーチェと市民道徳」と副題した「假面の没落」を発表、活版印刷になった一九五一年一二月刊の通巻第一四号に「假面の復活」を、一九五二年七月刊の通巻第一六号に「言葉について」と題する三島由紀夫論を、村松剛の「贋金つくりへの期待」と題する三島由紀夫論と並んで発表、一九五三年二月刊の通巻第一七号に「ロマンティシズムの上辺と下辺」と題する「荷風初期の作品を中心として」という副題をもつ評論を発表している。

「假面の復活」中大野は「ニーチェの思想は被治者にとっては、社会と個人の対立緊張という近代社会の重要な要素の重視を〝怠廃〟の一現象と考えさせる事によって社会的発言を失ってゆく理由となった。と同時に、その発言権の喪失が実は権力への屈従であるにも拘らず〝精神的優越性〟の結果であるかのような錯覚をジャスティファイする理由に用いられた」と記し、「ニーチェの思想はドイツの権力者に大きな貢献をした。彼等はニーチェをほんの一寸誤解、いやドイツ的に解釈しさえすればよかったのである」などと述べて、何故ニーチェがナチズムに利用されたか、を分析、検討していた。

三島由紀夫論である「言葉について」ではかつては「言葉はその背後の対象（オブジェ）の反映としてのみ考えられた」が、「言葉と生活との幸福な結合」は、「戦争の時代」が言葉への不信を教えた「三島の世代にはもはや存しなかった」と説き、「三島の場合意識は現実の反映ではない。現実こそが意識の反映である」といい、「三島は色々な人物（物体と同義だが）に次々と影像を写し出させ」「三島と彼の影像達との間には永遠の距離が横たわっている」が、それは、「若し三島が影像を愛着し、欲し、そしてあの永遠の距離の下に鞭をならす貴族的残酷さをも犠牲に供する事を厭わなくなったら」「この影像達は一瞬のうちに消えて、後にはあの気の弱い、神経質な三島の残骸がうちひしがれて残されるばかりであろう」「こゝにエピキューリアンに課せられた最後のストイシズムがある。そして「言葉」こそは三島の禁欲の象徴である」などと述べ、「「言葉への不信」が「言葉への過信」へと転調の決定的運命へ一歩をふみ出す以前に、三島には何よりも彼自身があの「永遠の美学」を創り出した視線に対決せねばならぬ日が迫っているのである」と結んでいる。「永遠の美学」とは三島の写しだす影像たちがかたちづくる「美学」をいうと解される。

拙い要約だが、それでも、大野がここで三島の文学を冷静なメスで解剖し、分析していることは理解できるはずである。また、大野にとって三島の文学は好尚の対象ではなかったことも理解できるはずである。これに反し、村松剛は彼の評論を次の文章で結んでいる。

「ぼくらは、ストイックな批評精神に基いて立てられた彼の「贋金」の美学が、今後、「社会秩序の多少気味の悪い味方」という様なシニックな云いまわしに頼ることなく、更に、如何に厳密な批評精神にも耐え得る姿勢でのびていき、「黄金」の光を生み出すことを期待している。日本の文壇に数少い批評精神の擔い手としてのこの巧妙な小説家にぼくらの寄せる期待は大きいのである」。

この情熱的な姿勢と大野の姿勢は鮮かな対照を示している。

「ロマンティシズムの上辺と下辺」と題する永井荷風論において、大野はその末尾に近く、次のとおり書いている。

「荷風の文学は確に敗北の文学であり、マンネリズムであり、近代性と社会性が欠除しているであろう。しかし同時に私はそこに不幸な日本の逆説をみなければならないのである。太平洋戦争の最中、丁度直哉がシンガポール陥落の祝賀文を書いている頃、荷風は浅草に入りびたって「勲章」「浮沈」「踊子」「来訪者」……を書き続け、戦後流行の〝虚脱〟の中にあって頑として自己の文学を守り通した稀有の作家であった。敗北者であり戯作者でなければ、作家として無傷でありえないという日本文学の弱みを夙に感得した所に、荷風の不幸な強みが築かれていった。絶対主義に対する彼の反抗は、――それをしも「反抗」と呼ぶとすれば――娼婦街でのマンネリズム以外にはなかったのである。そしてもっと厳密にいうならば、彼にはその文学に於いてもはや反抗などする必要はなかった。彼の上辺は明治のそれより一層高い故に、明治の下辺より深く没落していかねばならなかった。その事情を荷風初期のロマンティシズムの意味が物語っている――」。

こうして永井荷風の文学は日本の明治以降の社会環境に照らして腑分けされ、白日の下にさらされる。大野にとって、荷風の文学を「マンネリズム」とくりかえし語っていることからみて、退屈で魅力がなかったのかもしれない。しかし、大野の関心は精緻な分析によって永井荷風、三島由紀夫あるいはニーチェの本質を解明することにあった。そういう意味で、おそらく大野は文学ないしその魅力に耽溺することはなかったのではないか。

この永井荷風論を最後に、大野はふっつりと文学に関する筆を絶つことになった。

＊

司法修習生の課程を修了した大野は海野晋吉先生の事務所に入所して弁護士の業務に就くこととなった。海野先生はいわゆる人権派の弁護士として著名であり、非共産党系の労働組合をはじめ反体制的活動の団体や闘士たち、それに冤罪事件を多く弁護なさっていた。いつか大野からこんな逸話を聞いたことがある。

「海野先生は冤罪事件らしい被告人の話をじつによくお聞きになるんだ。まるまる一日かけて、喋りたいだけ喋らせ、聞きたいだけ聞き、夜になってしまう。夕食をすますと、さて、と座り直して、話を初めから聞き直す。この、さて、と座り直してから聞きだす被告人の話に珠玉の真実が含まれているんだな。本当に海野先生に頭が下がるよ」。

こういう大弁護士の依頼者との接し方を聞くと、私なども教えられることが多い。私など、依頼者と面談するのは長くても数時間、ふつうは一、二時間にすぎない。しかし、依頼者には、たとえば相手方との間に紛争があり、それがどういう紛争であり、どういう解決を望んでいるかは知っていても、相手方の言い分がどんなものか話したがらないことが多いし、相手方との紛争に至る経緯における自分が口走った、あるいは相手方がふと口を滑らした言葉の中に、真の紛争の本質が含まれていることが間々存在する。多忙を口実に弁護士はそこまでほりさげた話を聞くことなく、一通りの表面的な事実のあらましを聞いただけで、会話を終えてしまうことが多い。

大野から聞いた海野先生の姿勢は私の弁護士としての生活においてつねに忘れがたい教訓であった。このような態度で依頼者と接したからこそ海野先生は多くの冤罪事件について無実を明らかにし、無罪をかちとったのであった。

大野が海野事務所に入所して比較的間もないころ、盛夏に、群馬県北軽井沢の米川正夫先生の山荘に、大野と一緒にお邪魔したことがある。夜行列車で上野駅から乗車した。改札口を通るとき、大野がふと、組合の人と旅行するときは切符なしで改札を通るんだが、と洩らした。当時大野は国鉄労働組合、いわゆる国労の事件を担当していたようである。後年、国労や動労がストやサボタージュによって私たちを始終苦労させていたころ、私たちの事務所では一〇人内外が丸ノ内周辺のホテルに泊りこんで対応した。当時の苦労話は『私の昭和史・完結篇下』に詳細に記したので、くりかえさないが、こうしたスト権ストに至る国労等の違法なストライキにさいし、いつも大野はこういう組合活動にどのように関与しているのか、を私は考えた。あるいは大野はもう国労の仕事はしていないのではないかとも考えていた。いずれにせよ、当時は私は大野とまったくといってよいほど交際が途絶えていた。

私たちは夜明けに軽井沢駅に着いた。車中、大野はすやすやと眠っていた。私は横臥しないと眠れない性質である。数十年間大宮と有楽町駅間を電車で往復通勤したが、車中で居眠りしたことは一度あるか、どうかにすぎない。それにしても、新幹線で東京から軽井沢まで一時間かそこらで着くことができる今日から考えると、いまの状況は夢のような便利さである。それだけに、すやすや気持良さそうに眠る大野に私は憤りを感じた。憤りを感じたというのが適切でないとしても、羨望以上に不快感をもったのであった。米川山荘で二人がどう過したかは記憶にない。

ついでだが、大野は方向感覚が悪かった。たとえば、銀座の喫茶店でコーヒーでも飲み、雑談し、立ち上ったときには、大野は有楽町がどちらの方向か新橋がどちらの方向か、まったく分らない、という。私は生来方向感覚がよい。ただ、私の師、中松潤之助先生は私よりもいっそう方向感覚がすぐれていた。先生ご夫妻のお伴をして、はじめてリスボン空港に到着したとき、中松先生がリスボンの市街地はあっちの方角だとおっしゃった。初めての土地でさえ、そういう感覚が特異的にすぐれていた。ただ、方向感覚はいわば動物的本能に近いので、方向感覚にすぐれていることは決して誇るべき性質ではない。東京育ちの大野が方向感覚が悪く、銀座のある地点から、有楽町、新橋がどちらの方向か分らなくなることは、きわめて人間的であり、これも彼の格別の才能ではないか、と私は感じ続けてきた。

*

一九六一（昭和三六）年一月、マルキ・ド・サド著・澁澤龍彦訳『悪徳の栄え・続』の出版により、訳者澁澤龍彦と出版社現代思潮社の石井恭二の二氏が猥褻文書販売同所持罪にあたるとして起訴された。求められて私は大野を弁護人として推薦し、逆に大野から頼まれて、柳沼八郎、新井章二弁護士と共に、主任弁護士である大野を補助することになり、第一審においては埴谷雄高、白井健三郎、遠藤周作の三氏が特別弁護人をつとめてくださることになった。

たぶん四月ころ、学習院大学の白井さんの研究室で第一回の打合せ会が開かれた。この打合せの冒頭で大野が弁護方針を説明した。その基本はチャタレー事件最高裁判決の判旨を欧米の裁判例や学説等に照らして批判することであった。チャタレー事件最高裁判決は性行為非公然性の原則が時と処を越えて存在すると説示していた。また、猥褻文書にあたるかどうかは法解釈の問題であり、社会通念にしたがって裁判所が解釈するものであり、社会通念は裁判所が判断する、としていた。さらに芸術性の故に法的観点からの批判を拒否することはできない、と判示していた。

大野は、性行為非公然性の原則といわれるものは、裁判所の夢想にすぎないし、ことに性行為そのものの公然性、非公然性と性行為の記述の公然性、非公然性とは同視できないとし、社会通念は裁判所が判断するということは結局裁判官の主観を社会通念と同視することではないかと批判し、チャタレー最高裁判決は芸術至上主義を否定するといいながら、じつは法至上主義を宣言するにひとしい、と批判した。

大野はこのチャタレー事件最高裁判決批判に加えて、欧米の判例、学説を縦横無尽に引用し、著述の一部を把えて猥褻であるかどうかを判断すべきでないこと、つねに著述全体における問題の章句がどういう意味をもつかを検討すべきこと、著述の公益性を判断して猥褻文書にあたるかどうかを検討すべきものとされていること、またドイツにおいては猥褻が絶対的概念でなく、販売方法等の具体的状況に照らして判断されるべきであるとされていること、などを紹介した。

大野はこうした前提に立って、弁護方針として、第一に問題のサドの著書の思想史的、文学史的意義を強調し、公益性を明らかにすること、第二に起訴状が指摘した個別の章句は本書の全体との有機的関連をもつこと、第三に本書の描写は残虐であって性欲を刺戟するものではないこと、の三点を弁護の基本方針とすることを提案した。

この大野の提案に対し、澁澤、石井両氏は反対であった。彼らは「猥褻」は客観的に存在するものではなく、視る者、読む者の主観の中にのみ存在する、したがって、本書自体には猥褻なるものは存在しない、ということであった。これはたしかに根源的な問題だったし、真実をついていたが、法律の枠内で争う以上、猥褻は客観的に存在するという立場でなければ、弁護の方法がない、という考え方が出席者の大方の意見であり、大野の弁護方針で進めることが承認された。

私は夕闇濃い学習院大学構内の白井研究室で、大野の該博な知識、精緻な理論に舌を捲く思いであった。しかし、いまになって考えてみると、依頼してから三月ほどの間に付け焼刃の勉強をして、右に述べたような議論をくみ立てたわけではあるまい。大野は日頃から表現の自由に関心がふかかったので、その一環として猥褻についての諸外国の判例・学説の動向についても研鑽を積んでいたにちがいない。そういう点でも彼はじつに非凡な人物であった。

サド裁判は最高裁判決で結局被告人両名の有罪が確定したが、少数意見が多く、私たちの立場に近く、あやうくチャタレー最高裁判決の判旨が変更されるところであった。とはいえ、チャタレー最高裁判決の判旨はいまだに変更されることなく存続しているのだが、現状では、春画等をはじめ、かつては当然猥褻文書とされた、著述や絵画はほとんど自由化されたようにみえる。この二、三〇年間に社会通念に対する裁判所の考え方が激変したかにみえる。その結果、現在、チャタレー事件最高裁判決は実効性を失ったようである。

ただ、大野と一緒にサド裁判に加わって驚いたことは大野のマスメディアに対する気遣いであった。いつも司法記者クラブと緊密に連絡をとり、冒頭陳述書など被告人側から提出する書類のコピーはすべて司法記者クラブに属する人々に配布された。そのために余分の経費を必要とすることは大野の意に介するところではなかった。いかにしてマスメディアの共感をかちとり、正義が私たちの側にあることを納得してもらうか、が問題であった。その費用は現代思潮社の石井恭二が負担したのであろうか。彼の信条に反する弁護方針のためにこうした費用を負担することは現代思潮社のような小出版社にとって重圧であったにちがいない。そう思うと私は石井が気の毒でならない。

たぶん大野の手がけた訴訟ではいつも同じ方法が採られたのであろう。訴訟は裁判所の法廷における闘争だけではない。法廷外のマスメディアを味方にひきつける活動が、法廷闘争と同じくらい重要だったのである。大野が関与した多くの反体制的活動による被告たちの側にこそ正義があるとマスメディアに訴え、納得させていたのではないか。こうした活動をつうじ、大野の明晰な頭脳、すぐれた論理構成、そして雄弁がマスメディアの人々を魅了し、大野を私たちの世代を代表する著名な弁護士とさせたのではないか。

一九七九年三月、リーダーズ・ダイジェスト社が夏目漱石の初版本の複刻版一三点、一四冊を一セットとしてかなり廉価で販売する旨の新聞広告を大々的に行った。私は日本近代文学館の代理人としてその差止めの仮処分命令を東京地裁に申請した。この仮処分事件と関連して、大野が岩波書店の代理人として漱石の著書中『道草』『明暗』に使用された津田青楓画伯の著作権侵害を理由として、同じくリーダーズ・ダイジェスト社に仮処分命令を申請した。審理の過程でリーダーズ・ダイジェスト社が漱石の初版本を複刻せず、日本近代文学館が製作した複刻版から複刻したことを立証した結果、裁判官の心証は圧倒的に日本近代文学館に有利となり、その結果、あまりに日本近代文学館に有利すぎると批判された和解案が示され、全当事者が和解に合意して、これらの事件は終った。この事件は私が専門とする著作権、不正競争防止法に関する事件なので、私が大野から教えられることはなかった。

私が弁護士として大野と関係をもったのは右の二件だけだが、かつての『世代』の仲間は時々会合をもって顔を合わせることがあった。誰それが文学賞をうけた機会とか、工藤幸雄がポーランドから引き上げてきたときなどがそうした会合をもつきっかけになった。そんな会合で私は大野と談笑することはあったが、それ以上に個人的なつきあいはなかった。おたがいが相手の家に遊びに訪ねるということも殆どなかった。大野の結婚当初、私が一、二回大野家に招待されたことがあるが、私が大野夫妻をわが家に招待したことはない。旧く、親しい友人にちがいなかったが、私的にはむしろ疎遠だったというべきかもしれない。ただ、私は著書を刊行すると必ず大野に贈呈していたし、大野もその著書を贈ってくれる、といった交際は絶えることがなかった。

＊

大野が最後に私に贈ってくれた著書が二〇〇〇年六月に岩波書店から刊行された『弁護士から裁判官へ』である。同書を通読し、私はさまざまの感想をもった。

私は大野が最高裁判事に任命されたことを心からうれしく誇らしく思った。大野正男らしい意見が多数意見としてよりも、小数意見ないし補足意見として表明されることを期待していたからである。

大野が最高裁判事になって、私を失望させた印象ふかい事柄は、彼が死刑を残虐な刑罰と認めず、死刑の存続に賛成したことであった。大野の補足意見はその要約が当時新聞でも報道されたが、本書には大野の補足意見の全文が掲載されている。

大野は昭和二三（一九四八）年の最高裁大法廷の判決を引用して次のとおりの前掲を述

べている。

「したがって、裁判所としては、死刑を適用するときは、常にその時代と社会の状況及び犯罪と刑罰との均衡に対する国民の意識の変化に注目して、死刑が残虐と評価される余地がないかを検討すべきである。それは死刑という刑罰が他の刑罰と異なり、「尊厳な人間存在の根元である生命そのものを永遠に奪い去る」（昭和二三年大法廷判決）窮極の刑罰だからである」。

右の「裁判所としては」の第一文と「それは」にはじまる第二文との間には論理的に飛躍がある。人間存在の根元である生命そのものを永遠に奪い去る権利は国民感情や国民の意識から生じるものではない。私は、法の名によると否とを問わず、人間には他の人間の存在の根元である生命を奪う権利はない、と考える。したがって、大野の前提とする考え方は論理的でもないし、きわめて私が知る大野らしくない。私刑（リンチ）による殺人が許されないことは自明だが、死刑も、たんに法的手続に従っているということが違うだけで、本質は違いがない。

大野の補足意見は次いで、その一、として死刑を廃止する国が増加したことをあげ、その二、として、「この四五年間に、我が国刑事司法において、四人の死刑確定者が再審の結果無罪とされた」ことをあげている。

何故こうした事柄をここで大野が述べたか、私には理解できない。大野は「次の問題は、死刑に対する我が国民の意識であり感情である」といい、「以下の資料によれば、死刑に対する我が国民の意識は、この四〇年近くほとんど変化が見られず、一貫して大多数が死刑の存置を支持している」と述べ、死刑を存続すべきかどうかの意見を大多数の国民の意見に委ねている。

この補足意見には大野の死刑に対する意見が述べられていない。つまり、大野自身が死刑を残虐とみているのかどうか、まったく語られていない。大野らしくないと私が考える所以は、要するに大衆迎合的な意見をもっともらしく長々と語っているにすぎないと思われるからである。

＊

戸別訪問の禁止規定は表現の自由と抵触しないとした判決に対する大野の補足意見も私には到底賛成できない。大野は結論として次のとおり述べている。

「選挙に際しては、表現の自由は最も尊重されなければならない。しかしそれは運動としてなされ、これをまったく放任すれば多額の金員や労力が必要となり、無用な競争を発生させ、経済的に勝る候補者が大きな利益を得るという不平等も生じやすい。選挙運動が不平等にならないよう共通のルールを設定することは自由な選挙のために重要であり、公選法はテレビ、ラジオ、新聞などのマスメディアを候補者に無償で提供していることを重視し、戸別訪問の禁止だけを他の制度と切り離して考えることは妥当ではないとしたものである」。

私にはテレビ、ラジオ等の候補者の演説は聞くにたえないとしか思われない。その理由は候補者にわりあてられた時間がごく短いためかもしれないが、抽象的で具体的でないし、表面的で、真に何を候補者が考えているかは分らない。個々の有権者と候補者とが話し合い、質疑をくりかえしてこそ候補者の政治的見解が理解できるのである。放任すれば多額の金員や労力が必要となると大野はいうけれども、選挙にさいし、多数を動員し、組織し、キャンペーンを行って、政見を滲透させることも金員や労力を必要とすることに変りない。戸別訪問を許すと徒らに経費がかさみ、経済力の差による不平等が生じる、という理由が私には分らない。

＊

私が大野の『弁護士から裁判官へ』において失望したのは死刑制度の存続を認めたことであったが、同書を読んで初めて知って驚いたことは「歴史教科書検定処分の違法性」に関する問題について、「補論」の冒頭に

「私は、学テ判決を基本的理論として、検定制度そのもの及び検定規定の合憲性を肯定することに異論はなかった」

と記している点であった。

大野の著書から以下に彼の意見を引用する（「全国学力テスト」ともいわれる「学テ」とは「全国中学校一斉学力調査」の略）。

「学テ判決は、「一般に社会公共的な問題について国民全体の意思を組織的に決定、実施すべき立場にある国は、国政の一部として広く適切な教育政策を樹立、実施すべく、また、しうる者として、憲法上は、あるいは子ども自身の利益の擁護のため、あるいは子どもの成長に対する社会公共の利益と関心にこたえるため、必要かつ相当と認められる範囲において、教育内容についてもこれを決定する権能を有する」として、教育内容に対する国の権限を認めたが、その権限行使の在り方については、教育が「本来人間の内面的価値に関

する文化的な営みとして、党派的な政治的観念や利害によって支配されるべきでない」ことを重視し、「教育内容に対する右のごとき国家的介入についてはできるだけ抑制的であることが要請されるし、殊に個人の基本的自由を認め、その人格の独立を国政上尊重すべきものとしている憲法の下においては、子どもが自由かつ独立の人格として成長することを妨げるような国家的介入、例えば、誤った知識や一方的な観念を子どもに植えつけるような内容の教育を施すことを強制するようなことは、憲法二六条、一三条の規定上からも許されない」と判示して、国の教育内容への介入は必要かつ相当の範囲で認められるが、できる限り抑制的であることが要請されることを明示している」。

たとえば、家永訴訟のような歴史教科書のばあい、国の教育内容について決定する権能を有するとすれば、国政を担うのは国会における多数党であるから、つねに国政が一定した権能を行使するとは限らない。三年、五年あるいはそれより短い期間で国が決定する教育内容が変るかもしれない。「必要かつ相当」といってもその現実はまったく不明確である。そうした不安定な「国」の権限により、不明確に教育内容が決定されることは私には不合理としか思われない。かりに大野が学テ判決を基本的理論として認めるのであれば、国の権限をより厳格に、かつ明確に、しぼりこむ必要があったのではないか。

次に、大野の反対意見には論理的には納得できない箇所があり、これもじつは検定制度に真の欠陥があるためではないかと思われる。たとえば、次の判示がある。

「原判決は、日本軍兵士の中国人女性に対する暴行について、検定当時における学界の状況によって検討すれば、中国における戦場全般を通じて、日本軍兵士が中国人女性に対し貞操侵害行為を行い、その数が異常に多数であったことが指摘されている旨認定しているのであるから、それが特に多かったと断定するのは困難であるとする学説に依拠して、右記述の削除を求めることは、学界に広く認められている説に基づく記述の排除を求めるに等しく、学説状況の認識過程に看過し難い過誤があるというべきである」。

この反対意見は、原判決は「学界に広く認められている説に基づく記述の排除を認めるに等しい」と判示したもので、学説が広く認められているからといって、必ずしも歴史叙述が正しいとは限らない。学説として少数説であっても正しいこともある。学テ判決によれば、こうした問題にふみこまざるをえないし、学問の進歩に追いつかない虞(おそ)れもつよい。これは検定制度の問題というべきであろう。

大野の同著で紹介している彼の意見にはまだいろいろな感想をもつが、一応ここで筆を擱くこととする。

反対意見をふくめ、進歩的と思われる見解がまったくみられないことが意外であった。

*

大野が最高裁を退官したのが一九九七年九月、右の著書が刊行されたのが二〇〇〇年六月、二〇〇六年一〇月に彼は他界した。彼は一九二七年九月生れだから、同年一月生れの私より半年若い。それだけに私には大野の死は早すぎたのではないかという感がつよい。最高裁判事に就任したときは、久しく患っていた腎臓か何か内臓の病気が治癒したばかりだったと聞いている。その後は彼の著書で書かれた最高裁の激務が六〇歳代の後半を占めた。大野の眩しいような才能が最高裁判事として発揮されたとは思われない。私には無念の感がつよいのを如何ともし難い。

宗　左近

一九四四（昭和一九）年四月、旧制一高に入学し、明寮一六番室の国文学会に起居することとなった私は、私の入学前に刊行され、部屋に散乱していた、『向陵時報』や『護国会雑誌』と改題されていた『校友会雑誌』を片端から読み耽った。先輩たちの小説、詩歌等の多くに感銘をうけ、わが身の才能を思い、うちのめされるように感じたが、中でも異様な衝撃をうけたのが、私の入学直前、一九四四年三月一日刊の第一五七号に掲載されていた、古賀照一作の「夕映」「極みの海」の二篇の詩、ことに後者であった。以下の一四行詩である。

磯　極み　角笛　跡絶(とだ)え

病み鴉　呪ひの　赤く
うつろ歌　潮の香　凝（こご）え
勾玉むくろ　空　深く――

つむじ風　狐火　散らし
悶　炎ゆ　吹雪の　さなか
ああ　焦れ！　龍巻く　狼火！
灯車（ひぐるま）の　踊りの　焔中――

悲しみ　雪崩（なだ）れ　時　壊（くづ）れ
氷花（ひばな）　花瓣（はなびら）　血に　しぐれ
とどろに　海は　遠（とほ）ざかる
とどろに　海は　遠ざかる
不知火（しらぬひ）　狂ひ　夕まぐれ

とどろに　海は　遠ざかる

指摘するまでもなく、脚韻をふんだ押韻詩だが、形式がかっちりしているにかかわらず、この難解な詩が展開している暗く、不吉なイメージに、私は奈落に引きこまれるような恐怖を感じたのであった。

「夕映」は一連三行、四連の長歌と反歌とからなり、全篇平仮名で表記されている。長歌の第一連と反歌は次のとおりであり、

（長歌第一連）
かなしみは　めぐりもあへず
はしきかな　そらにこほれる
あかねぐも　くぐもるうれひ

（反歌）
たまきはる　いのちしななむ　ゆふばえの
ゆるるほなかに　いのちしななむ

と結んでいる。全文平仮名表記のため、また、夕映というイメージのため、衝迫は強くはないけれども、夕映の中の死の決意をうたった作であり、詩情は「極みの海」と同じなのではないか。

古賀照一という名は入学したばかりの私にとってもなかば伝説的存在であった。マチネ・ポエティックの最も主要な一員であった中村眞一郎さんが国文学会の創立者の一人であり、この『向陵時報』の同じ紙面に、眞一郎さんの押韻詩中最高の作と私が目している「西王母に捧げるオード」が掲載されている（ついでに付言すれば、加藤周一さんの「トリズタンとイズーとマルク王との一幕」も同じ紙面を飾っている。古賀さんをふくめ、お三方とも当時は無名だったが、今からみれば、じつに豪華な紙面である）。「西王母に捧げるオード」は一連一〇行、五連から成る長篇詩だが、私の好きな第四連を次に示す。

あゝ　君は来るであらう　来ねばならぬ
　此波清い大八島に　此の世の
限りの　神々と花々と　知らぬ
　形の水瓶と　屋根の　うねりとの

永い眠りを混ぜ　新しい　明日へ
　吹き上らうと、君を呼ぶ此の泉
　　東王公のふるさとに、工人らは
冷い土に　手を埋め　繪圖を据ゑ
　熱い　いのちの時を待つ　血は沈み
　　氷の風に　今朝　群れ去つた童——

このような気宇壮大、高い格調をもつ作品に比べ、「極みの海」は救いようのなく暗く、未来が鎖されている感がある。これは古賀さんと中村眞一郎さんの資質の違いだが、古賀さんとしては、自分が押韻詩を書けば、こんなものになる、という見本を示し、中村眞一郎さんたちの押韻詩は綺麗事だ、という反感を表現したのであろう。古賀さんは「極みの海」のような試作を発表はしても、マチネ・ポエティックに加わったことはなかったはずである。

私が『護国会雑誌』一九四一年一一月刊に古賀さんが神代哲という筆名で発表した小説「高尾懺悔」を読んで震撼したのは「極みの海」を読んでから間もない時期であった。い

きなり、私が頭を殴打されたかのように感じたのは、この作品中、

「ア　断水カ　ダンスキ」

という一句であった。その当時、水道が故障し、断水することもそう珍しくはなかったはずである。しかし、「断水カ」といい、「ダンスキ」と片仮名で表記することによって、まざまざと不意打されたかのような心情が表現されることに衝動を覚えたのであった。

「高尾懺悔」を熟読し、激しく感動したのは、その後、一、二カ月の間であった。「高尾懺悔」は歌舞伎の外題である。渡辺保『歌舞伎手帖』はその物語の梗概を次のとおり記している。

「江戸浅草宮戸川のほとり、浅茅ヶ原（あさぢがはら）の紅葉（もみぢ）の青葉が繁る塚の前である。足利頼兼に殺された新吉原三浦屋の遊女高尾太夫の亡魂があらわれる。悲しい遊女の身の上を語り、吉原の四季を踊って、現在の地獄の苦患（くげん）を物語る。いつしか亡霊は塚の陰に消えていく」。

高尾は京都郊外の紅葉の名所に由来するということである。

この小説の主人公は旧制一高に二年浪人して入学した一年生、「中風の父親の無理難題　その死　同居してゐた叔母夫婦の夜の不謹愼　俄盲目の寅八伯父の居食ひの　ナマケモノの生活　一度目の二度目の三度目の嫂達の身受の兄弟の狂乱　母兄嫂叔母夫婦の徹宵の花

札繰り　北本町トイウ　北九州ノ塵埃箱ノ一等下ノ片隅ニ　ウニヤウニヤ　蠢ク　蛆ノ一族ヂヤナイカ　俺達ハ」

という境遇で育っている。右の引用からも知られるとおり、漢字、平仮名、片仮名が恣意と思われるように入り混り、さらに恣意的に思われるほど、語あるいは語の一連のつながりの間に空白があり、読者は一語一語つかえながら読まなければならないように書かれている。

主人公の境涯と同じく、その心情も乾からびて空虚である。

「からからの風の　日日であつた　代々木駒場の練兵場から　黄塵が　轟轟　舞上り澁谷の街街を蔽つた」

とこの小説は始まる。そういえば、現在、ＮＨＫなどのあるオリンピック公園は戦時中練兵場であった。駒場の寮からは練兵場を仕切る赤煉瓦が見えた。あの赤煉瓦の向うで二・二六事件の被告らが銃殺されたのだ、などと思いながら、私は寮生活中、始終眺めていた。そういう意味で、この冒頭は私にとって懐しい風景である。

途中を省略して、作者が「高尾懺悔」を観る情景を引用する。

「初めての歌舞伎座三階の片隅で　輝一は　ちらちら　眼を光らせてゐた　建物の　宏

大さ　重量感　絢爛な色彩　香料　肌　の　妖しい薫　走り出す身体を　白い木綿のカヴアに押へた　上眼で周囲を伺ひ　胸を押へた

出征の兄から譲られた時計を質に入れて来た許りの　十圓札があつた　使ツテヤルゾ今夜中ニ　アルコオルノ幻燈畫ヲ写シテヤルゾ

舞台中央に　銀杏が　濃緑の葉を付けた枝を　大きく張つてゐた　和風の寂びた謡に幹の蔭から　ハッ　と追上ると　六代目の遊女が　湿つた踊りを舞ひ進めた　数数の男達を迷はせた　高尾懺悔　ザンゲ　ザンゲ　開幕以来　輝一の心に　下りた錨があつた

兎もすれば霞み出す遠い舞台は　投げ出されて行く幾枚もの絵葉書の様に　狂つた焦点の中に　次々に散らばつた

やつと　休憩時間の夕食の後の騒めき　が　舞台の奥に引いた　高尾が　淡い水色の上衣を枝に掛け　薄桃色の着物に紫の帯となつた　三味が冴えた　突然ピイピンピーン　と一際低まつた　思はず　合つた　輝一の焦点に　銀杏の濃緑が　さあ　と跳び込んだ　満堂を　吸つては　跳ね返し　高尾の　悲哀に入り切つた陶酔が　疲れた果実の豊潤な重量を　放つた　高まり　低まり　嫋嫋と　哀音が流れた　夕暮の引汐

であつた　と　銀杏の幹に近寄ると　蔭に　高尾は　音も立てず　すつと消えた　う
ッ　と気を呑まれ　輝一は　身を反した　デンデンデエエン　緩やかに　三味が終わる
と見えた　一寸した　放心の空虚が　あつた　それを　途端に　枝から　水色の上衣
が　パサアッと落ちた　アアッ　夢中に　掠れた叫びを上げ　眼が閉ぢた　ウッ
噎せて眼を挙げると　するする　緞帳が下り切つた」。
ここで六代目尾上菊五郎の「高尾懺悔」の舞台は終るのだが、この小説は次の文章に続いている。
「落ちる水色の着物が　厚い緞帳を　刳貫いた　それと　二月の　最後の夜の　青白い　濡れた　千繪子の顔が　追つて来た　滑な　ちかちか　した姿態が　くるくる　殺到した　騒めいて来た座席の中で　輝一は　やうやく高ぶつて来る　声にはならない叫びを　挙げ続けた」。
主人公輝一には従妹の千繪子という恋人がいる。主人公は六代目尾上菊五郎の高尾と千繪子を重ね合わせている。脇道の挿話を除けば、この小説は五歳で芸者に売られた従妹千繪子と主人公との痛切な悲劇的な愛の物語であり、ついに永遠の別れを告げることとなる。社会の最下層に生きる人々の純愛物語である。主人公が最後に千繪子から受取る書簡に涙ぐまない読者はいないだろう。
「輝チャン　アレカラズツト御無沙汰シテヰマスガイヨイヨノ時ガ来マシタ　デモ千繪子ハ泣キマセン　死ニマセン　安永サンノイイオ嫁サンニナリマスワ　忘レテ下サイ　忘レマセウネ　輝チャンハシツカリ勉強シテ偉イ人ニナツテ下サイネ　千繪子一生ノオ頼ミデス
オ約束通リモウ何モ書カナイ積リデヰタンデスケド　今日アンタノネエサンカラ手紙ガ来テ　輝チャンガ明愛トイフ名前ニナツタノヲ知リマシタ　イイ名ネ　メイアイサン　駄目デスワ　私　三日後ニ結婚式トイフ今日　ヤツパリ私　輝チャンヲ好キデス　忘レラレマセン　東京モ忘レラレマセン　澁谷ノ松竹映ガゲキ場ハヤツパリ混ンデ二階ノ暗イ隅ヤナイト見レント　輝チャン　忘レテ下サイ　私ハ駄目デス　馬鹿デス　サヨナラ
六月二十四日　淋シキ　千繪子より
明　愛　様
輝チャン　時時ハ　僕ノ故郷ノ町ノ近クニハ悲シイ妻ガヰルト思ヒ出シテ下サイネ　恥シインデス」。

こうして読んでくると、寮の水道の断水、ダンスヰは、主人公と千繪子の純愛の断絶を象徴している、と考えることもできるだろう。くりかえし書いてきたように、これは純愛の物語なのだが、その実態は地獄であり、蛆のように生きる人々のおどろおどろしい話を特異な文体で表現した作品である。私はこの私にとってまったく異質の才能をもつ作者に一度お目にかかりたいと切望した。

＊

その機会はじきに到来した。それは古賀さんが一高国文学会の先輩だったからであった。古賀さんの入営の送別会があるそうだから、行ってみよう、と一年生の私は三年生の飯田桃に誘われ、飯田の府立一中時代の友人で、後に『世代』の第二次編集長となった矢牧一宏と三人で原宿の古賀さんのお宅にお邪魔した。

その送別会の席上、橋川文三さんと白井健三郎さんとの間に激しい論争があったことは、これまで何回か書いてきたとおりだが、当時日本浪曼派に心酔していた橋川さんは、人間であるより日本人であることの方が先だ、という立場であり、白井さんは、日本人であるより人間である方が先であることは当然じゃないか、という立場であった。橋川さんにとっては殉国が優先、白井さんは日本という国がどうとなれ、人間として生きぬくことが一生の大事だという立場の違いであった。論争が、庭に出ろ、叩き切ってやる、といった烈しい場面まで発展したのだが、どうにか平穏に終ったらしい。古賀さんは終始平然、穏和な笑みをうかべて、二人の論争をお聞きになっていた。二人の立場は、それぞれ理解した上で、二人の立場を超えた高みから論争を眺めているといった風情であった。私は古賀さんの心の寛容さに感銘をうけた記憶がある。

この壮行会の翌日、一九四五年四月一日、古賀さんは横須賀海兵団に入営した。『詩（うた）のささげもの』中、古賀さんは次のとおり記述している。

「「自分は精神病を患っているのであります。到底兵隊はつとまりません」。そう訴えて、海軍軍医大佐につめよりました。「ふうん、そうか」。相手はタジタジとなったようです。四月八日、もう一度、検査がありました。訊ねられました。「学生だね、どんな学科だ。なに？　哲学科？　そんなことやっているから、おかしくなるんだぞ。即日帰郷だ。明日、帰れ」。

往くのは、嫌でした。しかし、帰るのも、少しも嬉しくないのでした」。

佯狂により即日帰郷となり、兵役を免れたことは、本来、古賀さんの意図したことであったはずだが、反面で、「少しも嬉しくない」という。これは橋川さんと白井さんとの双方の立場、見解を許容する、古賀さんの心の寛容さと共通するであろう。自らは徒死を免れたとはいえ、数多くの友人たちが進んで、あるいは止むをえず、戦死するしかない戦場に赴くのを見送った後ろめたさが、古賀さんの心の翳となって沁みついていたのであろう。古賀さんは、そういう矛盾した心を抱き、その矛盾の一方を否定することなく、矛盾した心双方をそのままかかえて、生きることを決意していたにちがいない。あるいは、こうした心情は「高尾懺悔」において、千繪子に対する愛情を心の奥ふかく秘めながら、生きていく心境とも共通しているともいえるだろう。

＊

古賀さんが即日帰郷した、ということは噂として耳にしていたように憶えている。しかし、戦中、戦後、数年の間、私はまったく古賀さんの消息を聞かなかった。たとえば、古賀さんは一高国文学会の先輩だが、古賀さんより二、三年後輩にあたる遠藤麟一朗が初代の編集長となり、中村眞一郎、福永武彦、加藤周一の三先輩が後に『一九四六・文学的考察』として刊行された、連載エッセイ「カメラ・アイ」などを発表していたにもかかわらず、古賀さんは『世代』とはまったく無縁であった。中村、加藤、福永といった諸先輩に加え、白井健三郎、窪田啓作といった古賀さんの旧友たちが創刊した『方舟』にも古賀さんの作品が掲載されることはなかった。

後に、ある機会に、古賀さんに、あのころはどうなさっていたのですか、とお訊ねしたことがあった。私の記憶違いでなければ、そのとき、古賀さんは

「あのころは、生活が乱れていたのでね」

とお答えになった。どのように乱れていたかは説明なさらなかった。いまから思えば『炎える母』の衝撃を古賀さん自身が消化し、整理できていなかったのではないか、と推測しているが、真相は明らかではない。

＊

古賀さんが敗戦後初めてその作品を世に問うたのは一九五九年書肆ユリイカ刊の詩集『黒眼鏡』であった。敗戦後一四年経っている。飯島耕一『他人の空』一九五三年刊、安東次男『死者の書』一九五五年刊、入沢康夫『倖せそれとも不倖せ』一九五五年刊、大岡信『記憶と現在』一九五六年刊、長谷川龍生『パウロウの鶴』一九五七年刊、吉岡実『僧

侶』一九五八年刊など、すべて書肆ユリイカ刊であり、書肆ユリイカからは、この他、山本太郎『歩行者の祈りの歌』一九五四年刊、多田智満子『花火』一九五六年刊なども刊行されており、一九五九年には清岡卓行『氷った焔』、石垣りん『私の前にある鍋とお釜と燃える火と』、澁沢孝輔『場面』が刊行されており、清岡の『氷った焔』の遅すぎた第一詩集の刊行を除けば、『黒眼鏡』の刊行に先立ち、『荒地』の詩人たちをふくめ、すでに戦後詩人たちはとうに出発していた。そういう意味で『黒眼鏡』は古賀照一が初めて刊行した詩集としてはずいぶん遅いという感がふかい。さすがに古賀照一の力量を示す詩が収められていたが、私には、古賀さんはもっと独自の個性の強い作品を世に問うことができたはずだという感がつよかった。『黒眼鏡』は宗左近という筆名で刊行された。その後、古賀さんはつねに宗左近という名で作品を発表しているので、以下では宗さんと呼ぶこととする。

『黒眼鏡』が私に強い印象を刻むこととならなかったのは一九六七年に刊行した『炎える母』がよほどすぐれた詩集であり、戦後のわが国の詩集中屈指の作と考えるからであるといってよい。この詩については『詩のささげもの』のすでに引用した箇所に続いて次のとおり記している。

「五月二十五日夜、四谷左門町一帯がアメリカ軍の空襲によって火の海になりました。母とともに逃げまどいました。脱出は不可能です。真福寺の墓地のなかに立ちすくみました。火がつかないのに、卒塔婆がいっせいに炎えあがるのです。最後です。十名ほどの少女たちの群れが泣き声をあげていました。「オ父（トウ）サン、コワイヨー」、「オ母（カア）サン、助ケテ」。わたしは立ちすくみました。癪です。この世にさよならする詩をせめて一行、生み出してやるぞ、一枚の灰となってしまったっていいのだぞ。考えました。でも、何も出てこない。ああ、やっと……

　　現（うつつ）よ　透明（あかる）い　わたしの塋（はか）よ

だが、これは、六ヶ月ほど前にノートに書きつけた一行であるにすぎないのでした。そして一時間後、火の海から走り出たのは、わたし一人でした」。

すこし長いけれども『炎える母』の中の一章を引用しなければ、私の思いを伝えることができない。そこで「走っている」を次に引用する。

走っている
火の海のなかに炎の一本道が
突堤のようにのめりでて
走っている
その一本道の炎のうえを
赤い釘みたいなわたしが
走っている
走っている
一本道の炎が
走っているから走っている
走りやまないから走っている
わたしが
走っているから走りやまないでいる
走っている
とまっていられないから走っている

わたしの走るしたを
わたしの走るさきを
焼きながら
燃やしながら
走っているものが走っている
走っている走っている
走っているものを追いぬいて
走っているものを突きぬけて
走っているものが走っている
走っている
走って

いないものは
いない
走っていないものは

走っていない
走っているものは
走って

走って
走って
いるものが
走っていない
いない
走って
いたものが
走っていない
いない
いるものが

いない

母よ

いない
母がいない
走っている走っていた走っている
母がいない

母よ

走っている
わたし

母よ

走っている
わたしは
走っている
走っていないで
いることができない

ずるずるずるずる
ずるずるずる
すりぬけてずりおちてすべりさって
いったものは
あれは
あれは
すりぬけることからすりぬけて
ずりおちることからずりおちて

すべりさることからすべりさって
いったあの熱いものは
ぬるぬるとぬるぬるとひたすらにぬるぬるとしていた
あれは
わたしの掌のなかの母の掌なのか
母の掌のなかのわたしの掌なのか

走っている

あれは
なにものなのか
なにものの掌のなかのなにものなのか

走っている
ふりむいている

走っている
ふりむいている
走っている
たたらをふんでいる
赤い鉄板の上で跳ねている
跳ねながらうしろをふりかえっている

母よ
あなたは
炎の一本道の上
つっぷして倒れている
夏蜜柑のような顔を
もちあげてくる
枯れた夏蜜柑の枝のような右手を
かざしてくる

その右手をわたしへむかって
押しだしてくる
突きだしてくる

わたしよ
わたしは赤い鉄板の上で跳ねている
一本の赤い釘となって跳ねている
跳ねながらすでに
走っている
跳ねている走っている
走っている跳ねている

一本道の炎の上

母よ

あなたは
つっぷして倒れている
夏蜜柑のような顔を
炎えている
枯れた夏蜜柑の枝のような右手を
炎えている
もはや
炎えている

炎の一本道

走っている
とまっていられないから走っている
跳ねている走っている跳ねている
わたしの走るしたを

わたしの走るさきを
燃やしながら
焼きながら
走っているものが走っている
走っている跳ねている
走っているものを突きぬけて
走っているものを追いぬいて
走っているものが走っている
走っている
母よ
走っている
母よ
炎えている一本道
母よ

東京大空襲を経験した生存者はいまではごく僅かである。東京大空襲の残虐悲惨な状況を描いてこれほど感動的な文学作品を私は他に知らない。これはまことに貴重な私たちの文学的遺産である。

余計なことだが、当時の日本軍は制空権も制海権も持っていなかった。竹槍で連合軍を迎えうつといった愚劣な戦略しか持っていなかった。こうした空襲よりはるか以前に、制空権、制海権を失い、陸軍の軍備も皆無になった時点で、日本政府は降伏すべきであった。降伏の時機を逸したために、甚大な市民が犠牲者になった。私は当時の日本軍部、日本政府の指導者は日本人犠牲者に対して責任を負うべきだと思っている。

また、これもついでのことだが、日本近代文学館では私が理事長をつとめていた時代から「声のライブラリー」と称する、文学者の自作朗読の映像・音声を記録、保存している。作家二人、詩人（又は歌人、俳人）一名、できるだけ三世代、三人中一人は女性ということで録画してきたが、一九九九年一一月一三日、宗さんにも出演していただき、『炎える母』のハイライトを朗読した。このときに宗さんの他、高井有一さん、三枝和子さんも出演、奥泉光さんが司会という豪華な組み合せであった。

＊

考えてみると、私は一七歳のときから古賀照一という名とその作品に親しんできたために、仲間うちで語るときは「古賀さん」と呼ばず、「古賀照（こがてる）」と呼んで、いつも古賀照すなわち宗さんを身近に感じてきたのだが、じつは実際お目にかかったのは数回にすぎない。たぶん「声のライブラリー」でお会いしたのが最後だった。いつも宗さんは慈父のような穏やかさで私に接した。私の側では、『炎える母』以降の宗さんの多様な活動を風の便りに聞いていた。世俗的な事柄でいえば、宗さんが山本太郎と共に「歴程」の中心になっている、といったことであり、本来の宗さんの創作活動についていえば縄文に対するつよい関心から多くの作品をお書きになっている、といったことであった。いつも著書は頂戴していたので、宗さんが縄文の土器ないし文化につよい関心を向けるようになったことは、むしろ当然のことのように思われた。すでに「高尾懺悔」や「極みの海」の時代、宗さんの文学の出発期から、その文学は弥生式の素朴、穏和なものではなかった。もっと荒々しい、非正統的な、叫びや喘ぎに満ちていた。それはまた、『炎える母』にもみられた性格でもあった。『炎える母』は掌をはずした母堂を失った彼の悔恨の作であり、また母堂に対する鎮魂の作だというにとどまらず、東京大空襲で亡くなった死者たちをふくめ、宗さんの知人であると否とを問わず、戦争の犠牲者への鎮魂の作であった。その激りたつような心の呻吟が彼の詩となった。

ある時期から宗さんは一行詩を多くお書きになるようになった。一行詩は宗さんの鎮魂の吐息であり、歎息であった。『炎える母』における物語性を昇華した、結晶としての魂の叫びであった。

宗さんは一九九四年六月、詩集『藤の花』を思潮社から刊行した。たまたま同年度刊の詩集について北上市の日本詩歌文学館が贈呈する賞の選考委員を私はつとめていた。そのさい、私は同詩集中から「曼珠沙華」の一連を引用して選評を述べた。「曼珠沙華」は次の一行から始まる。

大空襲　美しさとは人を光にすることでした

生きた人間を光に化することによって死に至らしめる空襲の無残さをうたった、この一行詩の美しさは無類である。この一連には次の作が含まれている。

夜が真昼　泣き声たちの火の飛沫(しぶき)

空炎える　地より天への大瀑布

天は動かぬ　地は動かぬ　おれは動く　沸(たぎ)る海

右に引いた作の中でも「空炎える　地より天への大瀑布」が東京大空襲を僅か一行に凝縮した傑作と思われるのだが、これら一行詩はそれぞれが独立しているわけではない。たがいに連続しあっている連作として読むべきである。これらの作の感動に、私は『炎える母』とは違った性質の明るい暗黒を見る。宗さんにとっては、明るさとは、同時に漆黒の闇でもあるのだ、と思い、彼はいつも、それこそ「高尾懺悔」以来、人生をそのようにみてきたのだ、と考える。

網代　毅

大西守彦の自死を思うと、私は哀惜の情が満身を涵すかのような感を覚えるが、網代毅の晩年から死までを思うと、ひたすら切なく、憐れを催すのを怺えられない。大西も網代も、中野徹雄や橋本和雄と同じく、一九四四（昭和一九）年四月、旧制一高に入学し、明寮一六番に自習室・寝室を占めていた国文学会に所属し、四六時、起居を共にした。

　ただ、網代は入学してしばらく射撃班に属し、射撃班が占めていた部屋で起居していたので、四月当初から同室だったわけではない。彼は神戸二中の出身であった。私たちは皆、文科の生徒であった。理科の生徒には徴兵猶予の特典が与えられていたが、文科の生徒にはそういう特典はなくなっていた。たしか徴兵年齢も一九歳に引き下げられていた。この年齢も一九四五年には一八歳にさらに引き下げられたはずであった。文科に入学を許可されたのは六〇名、理科の合格者は三百数十名であった。だから、私たち文科に入学した者は誰もが学業半ばで徴兵されることを覚悟していた。六〇名が定員だったが、若干数定員を越えた入学者がいたかもしれない。それに、網代と同じ神戸育ちだが、神戸一中の出身であった松下康雄のように、私たちの前年に入学し、当時肺尖カタルとよばれていた病気のために一年休学し、私たちと同級になった人々もいたので、文科の一年生の総数は七〇名を越えていたと思われる。ドイツ語を第一外国語とする一組と英語、フランス語を第一外国語とする二組とに分かれていたが、全体が七〇名余だったから一、二組合同の授業も多く、たがいに知り合うことはごくたやすかった。中野徹雄も、大西守彦も、松下康雄も、私も、一組であった。だから、入学してからそう間もない時期に、網代と私とはたがいに文学好きなことを知り、彼は私をつうじ、飯田桃（後のいいだもも）、太田一郎などの三年生、築島裕、木村正中、今道友信らの二年生が生活していた国文学会の雰囲気に羨望を感じたのであろう。射撃班は俗に鉄砲といわれていた。一高生全体としては決して軍国主義的ではなかったが、いくぶん軍国主義的な風潮があり、網代には居心地が悪く、それだけに国文学会に憧憬の情を抱いたのではないか。たまたま国文学会に所属したことが私の生涯を決定したと私は考えているが、網代にとっても国文学会に移籍しなかったとすれば、彼の生涯も決定的に違ったものになっていたにちがいない。後にふれるけれども、国文学会が母体となって雑誌『世代』が一九四六年に創刊された。創刊時の編集長遠藤麟一朗、二代目の編集長矢牧一宏、それに『世代』の創刊当時から圧倒的な発言権をもっていた飯田桃らを知ったことが、彼にとって幸運であったともいえるし、不幸であったともいえると私は考える。

飯田、太田は一九四四年九月、旧制高校は二年半でくりあげ卒業という制度になったため卒業し、空席も多くなってから、網代は移ってきたのかもしれないのだが、卒業後も飯田、太田とは頻繁、密接な交友が続いていたから、いつ網代が国文学会に移ったか、詮索することは意味がないだろう。

網代が国文学会に移って一緒に生活するようになってから知ったことは、彼が文学、ことに内外の小説や詩に詳しいことはあらためて知るまでもなかったが、クラシック音楽に造詣がふかく、なかなか美声で歌も上手であるということであった。私の記憶では彼の兄が京都のオーケストラの指揮者なので幼少のころからクラシックに親しんでいた、ということだったが、その記憶も確かとはいえない。橋本和雄は少年時、NHKの児童合唱団の一員だったそうで、彼も歌が上手だったが、網代は橋本の発声は子供の発声で本格的ではないと軽蔑していた。ただ、二人とも蛮カラに寮歌を歌う寮生たちを嫌っていた。それに網代は能書といえないまでも綺麗な字を書いた。何事も器用にこなし、手工のようなことは得意であった。

その当時、私は飯田に兄事というよりも師事し、詩を書くと飯田に見せ、彼の批評を仰いだ。飯田の卒業後は片瀬の飯田邸まで訪ねて詩らしいものを見せるのがつねであった。私にとって彼の批評、批判はじつに有益であった。彼の示唆・教示によって詩らしいものが詩として体をなした、という覚えがある。網代がどのように彼の詩を飯田に見せていたか、私にはまったく記憶がない。それでも、国文学会に移って間もなく、彼は国文学会の上級生たちや同級生たちの間に溶けこんだはずである。一高の寮では、運動部でも文化サークルでも、どの部屋も閉鎖的でなく解放的で、他の人々を受容するのに自由、寛容であった。

＊

網代に一九九〇年二月、福武書店から刊行した『旧制一高と雑誌「世代」の青春』という著書がある。刊行後にすぐ贈られ、一読し、これは一高時代、『世代』刊行時代の青春を讃美し謳歌した回想にすぎないと感じ、批評に値しないと感じた。世評の多くも厳しかったのではないか。そのためこの著書は何ら評判をえることなく、極端にいえば黙殺されたわけである。書評などに採りあげられる著書はごく限られているから、評判にならないことは通常なのだが、この著書が評価されなかった事実が彼の晩年の境遇とも関係するかもしれない。本項を執筆するため、あらためてこの著書を通読し、よく資料を集め、ふかく調べた上での著述であることを知り、まさに労作だと感じた。ただ、事実の間違いも若干存在するし、反面、私の知らなかった事実の記述もあり、本項を書くのについて大いに参考になった。この労作の欠点は、後に説明するが、筆者の立ち位置が明確でないことにある。

同書中、「私は敗戦の年の二十年六月に和歌山の部隊に入営した」とあり、「仲がわるかったはずの両親が揃って営門まで見送りにきてくれた」と記されているが、彼の両親の不仲はもちろん、彼の父親がどういう職業についていたか、彼の家族がどんなものか、私はまったく知らなかったし、いまだに同書のこの記述以外のことは知らない。たとえば、中野徹雄は巌本善治、若松賤子の孫であり、母親が巌本・若松の長女、父親が当時早稲田大学の総長であった中野登美雄である。巌本・若松夫妻の長男はスコットランド生れの英国女性と結婚し、その間に生れた長女が著名なヴァイオリニスト巌本真理であることは誰もが知っていたし、橋本和雄の実家が質屋であることも、大西が幼少のころ死去した父親が日本画家であることも、飯田の父親が電気医療機器の製造販売で財を成したことも、国文学会で起居を共にしていた誰もが知っていた。しかし、網代の境遇は誰も知らなかった。じつはそうした境遇は本人が何かのついでに話さない限り、誰もが関心をもっていなかった。私たちにとって、生れ育った境遇より、本人の資質、性格だけが関心だったのである。

私が網代の著書で教えられた事実の一つは、『世代』の創刊には、一高関係者以外に、早稲田大学の有田潤、甲藤重郎の二人が創刊にかかわっておいでになったのだが、彼らがどうしてかかわったのかを知ったことである。甲藤重郎は「太田一郎が軍隊で偶然に知り合い〝弱兵〟であることを互に慰めあ」っていた、といい、さらに甲藤は「西片町グループ」という〝自称インテリやくざ〟集団を結成していたという。この集団の一人に入江襄という方がおり、この方が目黒書店の社長の子息を知っていたことから、『世代』は目黒書店から刊行されることになったとある。私は一度有田潤を自宅に訪ねたことがあるが、有田の自宅も本郷西片町の一角にあったから、彼も「西片町グループ」の一員であり、甲藤の縁で『世代』の創刊に関係したのであろう。これまで私は何回か『世代』の創刊にはうさんくさいものを感じていたので、飯田や中野徹雄らの創刊まで、また創刊後も、『世代』と距離をおいていたと書いたことがある。とはいえ、彼らとの個人的交友は続いていたから、彼らの動静に無知ではなかったが、「西片町グループ」によって『世代』の目黒書店からの発行が実現したことを網代の著書によりはじめて知ったのである。

一高に柏蔭舎という舎屋があり、「昭和二十年五月の大空襲によって焼失した」と網代は書き、「この日の夜も寮生たちは屋上で飛来する米軍機を観望していたのだが、やがて情況がいつもとはちがうことに気づいた。なによりも敵機の群が真直に自分たちの方向に迫ってくるのが直感され、ぶきみに思われたのだ。突然誰かが、「真上にいるぞ――。」と叫んだ。ふり仰ぐとその言葉のとおり、高射砲弾の煙と淡い照空燈の光のなかにおどろくほどの多数の機影がみとめられた。次の瞬間するどい擦過音様の音が聞え、続いて大音響がなりわたった。寮生たちは思わず首をすくめて階段のおどり場にとび込んだのだったが、ふたたび屋上に出て周囲に眼をこらした時、寮の北側にある陸上運動場はオレンジ色の火の海だった。寮から二十メートルほど離れた舎屋、その向うの嚶鳴堂のあたりは、すでに手のほどこしようもないほどの猛烈な火炎に包まれていた。その片すみで柏蔭舎がその小さな体に似合わない大きな炎をすさまじい勢いで吹きあげていた」。

網代の文才、すぐれた描写力を納得させる文章だが、寮生たちが屋上で飛来する米軍機を観望していた、というのは事実に反する。ごく一部の例外を除き、寮生たちは防空態勢のために配置されていたのである。私は三月一〇日の大空襲以後、空襲に対処しようとしても対処しようがないと考えていたから、防空活動を蔑視していたし、生来の怠け癖もあって、屋上で空襲を見物していた。そのとき、網代が一緒だったという憶えはない。突然、頭上をグオーという大音響が襲った。三階の上の屋上から一階の隅まで、私はころげ落ちるように降りた。やがて空襲が終ったと思われるころ、ふたたび屋上に昇ると、陸上運動場は火の海であった。炎上しつつある教室などの消火のため、寮生たちは走りまわっていた。

網代の著書をはじめて読んだとき、私が感心しなかったのは右のような些末ではない。彼はこうも書いている。

「寄宿寮の運営はすべて生徒の自治に委ねられていたから、寮生の食糧の調達も寮委員の任務だった。当時は繰上卒業などで生徒数は少くなっていたが、それでも千人近くが寮で生活していた。食事部委員は毎日のようにトラックで買出しに出かけたが、トラック一杯分の食糧などたちまちにしてふっとんでしまう。委員は授業に出席するいとまなどまったくなく懸命に奔走したのだが、それにも限界があり、食事の内容は質量ともにめだって低下しはじめた。したがって食事についての不満もないわけではなかったが、寮生たちには同僚の委員の苦労は十分わかっていたし、何よりも観念上の問題が関心事であるかれらにとって、そんなことに思いかかずらう余裕はなかった。総じてかれらはあらゆる欲望に関しておそろしくストイックであった」。

これは美辞麗句である。私のように自宅の近い者は週末は必ず帰省して栄養を補給していたし、その間利用しなかった食券を週内に余分に使って空腹を充たしていた。食券とひきかえに食事の載った膳をうけとるのだが、食券を渡すふりをして渡さず、あるいは一旦渡したものをひそかにとりかえし、あるいはごまかして二度使いすることを盗食といったが、盗食が発覚して処罰される事例も二、三にとどまらなかった。網代のように自宅が遠い寮生は私のような恵まれた状況ではなかったが、私の母が気の毒がって彼をわが家に連れてきて何日か静養させるようにつとめていた。わが家でも食糧は不足していたが、それでも何かと網代のためにとりはからったのであった。

そこで五月の空襲後、網代と二人で三峯に一泊旅行したことを記しておきたい。空襲の被害のため数日休講になったはずである。この三峯行ほど、私の網代との交友の中で懐しく愉しかった思い出はない。山手線は一部運転されていなかった。新宿から池袋まで線路を歩いた憶えがある。さして苦にならなかった。池袋赤羽間も赤羽大宮間の京浜東北線も運行していたから、無事に大宮のわが家に着いた。父に頼んで氷川神社の有賀宮司に三峯神社の宮司に紹介状を書いてもらい、持参した。熊谷経由で三峯口まで到着すると、驚いたことにケーブルカーが動いていた。ケーブルカーで神社の門前に着き、宿坊に一泊した。宿坊の広間には私たち二人しか泊っていなかった。二人でさまざま文学について話し合った。他愛ない話ばかりだったが、当時の私たちには深刻であった。岩波文庫の目録の読まなければならないと考えた内外の作品にしるしをつけた。その順序も相談した。徴兵され、入営されるまでに、どれだけ読むことができるか。このことほど重大な問題はその夜の私たちにはなかった。

宿坊の大便所に行くと、糞が底なしで、谷の間を見えなくなるまで落ちていった。うら寂しく、物音一つしない静けさの中で、私たちは一夜を過した。

帰途はケーブルカーを使わず、徒歩で山を降りた。眩しいほどの新緑であった。太陽が輝き、木洩れ日が山道に差していた。私たちは解放感に満たされていた。やがて私たちは寮に帰った。このときほど、寮生活が侘びしく思われたことはない。それほどに三峯の一夜は愉しく、充実していた。

網代の著者に「十九年暮になると憲兵が寄宿寮に出没するようになった」とあるが、これは事実に反する。そうした噂さえ私は聞いた憶えがない。当時の一高が軍部に反感を持たれ、多くの圧力をうけていたことは事実であり、そのため安倍能成校長以下教授の方々が苦労なさったことは事実だが、そうした軍部との対立状況を誇張して、網代は憲兵が寄宿寮に出没するようになったと書いたのである。このような曲筆を弄していることを、私は網代のために悲しむ。

ところで、彼が一九四五年六月に入営したことは彼の著書からすでに引用したが、八月一五日の終戦後間もなく復員した。八月一五日以降の陸軍の規律はずいぶん乱れていたらしい。厖大な物資を陸軍はかかえこんでいたので、戦後も隠匿物資の摘発がしきりに話題になったが、敗戦時、管理者不在も同然だったらしい。網代は背負いきれないほどの物資を土産に復員したという。逆に、大西のように手ぶらで復員した者もいるのだから、網代にはそういう要領の良さがあり、大西にはそういう愚直さがあった。

＊

網代は詩人であった。彼の詩「再びなる帰来の日に」が『世代』創刊号に掲載されている。全文以下のとおりである。

紅（べに）と黒　黒と黄——ただに死霊のものである　この溷（こん）濁の世界のなかで、きるーくるーと旋りつゞける　るうれつとのやうに、病鬱の日々はきしり、美麗にして楚白なる一匹の使徒も、眼に見えない蛆蟲どものために　みにくゝ　あゝ腐蝕してしまつた
罪びとゝ聖徒の　抗争の、過剰な豫感にふるへながら　貪婪（たんらん）な魚のごとく遁れ出た私が、軀ては　病める蠅となつて帰らねばならなかつたと、きみよ　かねて知つてゐたのか。

しつとりと横はり　躇ひがちなきみの綻（ほつ）れ毛、貝殻のやうに朱くみだらなきみのくちびる、血の匂ひに充ちた芳満な四肢、きみよ　かつて私はそれらのものに、的途ない鞦韆の夢を追つたものだ。きみよ　私達の奢りと官能の季節は過ぎ去り、追憶と悔恨とが　愁はしげに吐息した春秋もまた既に遠い。だが　きみよ　私は知つてゐる。紫

煙のつくる螺線にも似て　私の胸をかき立てたあの蠱惑が、私達の宿運の上に影をおとしてこのかたの、遒麗なること　びろうどのごとき　情歡の身もだえを。そしてそれが　かずかずのながい来歴の末、ふかいしゞまの裡に　如何に香はしく結晶してきたかを。

必然が形づくつた不泯の幻想は　もう再びと、きみの瞳孔（ひとみ）をくもらせることはあるまい。華やかなる涙にぬれながら　なほ蒼白い娟態を忘れられない、きみの孤獨の衣裳とともに。

再び私は　なつかしい誰彼にさらばと告げることをすまい。私達の行為と夢想の時はきみよはや、茫寞たるかあてんの蔭に隠れてしまつた。今はただ乙女達の眠りのやうな、秋の日の　傷つけるいのちの　逸楽をと願ふばかりだ。いつの日にか　忘れられた物語が私達を離れて、如何に生活し　爛熟し、いつの日にか　如何ばかりきらびやかな交響を産むか、きみよその日には　薄明の情欲に身を任せて、しめやかな光仄ながれる　あの人工の沼べりまで、言葉なく　二人で見送りにゆかうよ。

難解な語彙を並べ、分りにくいイメージをつらねたこの詩で、作者が何を訴えようとしているのか、私には説明できる自信がない。「罪びとゝ聖徒の抗争」とは何の比喩か、その抗争の「過剰な予感」とは何か。私が解釈することのできない言葉の連続に、私は結局作者は言葉遊びをしているにすぎないのではないか、つまりは作者は、帰り来たいまこそきみとの情欲に身を任せようということしか語っていないのではないか、と結論したい誘惑に駆られる。ただ、この詩がすぐれた作品かどうかは、私の問題とすることではない。

飯田桃の項で記したとおり、私の処女作ともいうべき「海女」は、網代の手製になる一部限定版詩集『流沙の書』の第一部「北陸記」中の作であり、「北陸記」は飯田に献じられているが、この一部限定版は中村が自ら火中にしたものだが、「海女」だけが故あって飯田の手許に残ったものだ、と飯田が『世代』第二号に「海女」を掲載したときに注している。網代はじつに器用で、私の作品から十数篇を選び、綺麗な字で筆写し、瀟洒な表紙を付け、美しい一冊しか存在しない詩集を作ってくれたのである。私がこれまで書いた作はすべて遺すに値しないと考えて、この詩集を燃してしまったが、網代はそれは卒業前年というから一九四六年の秋だったといい、私が「いまかりに読みかえしてみて読むにたえる作品があるかどうか」と『流沙の書』中の作について書いていることに関連して、彼の著書中「読むにたえる作品」があったとすれば「私の記憶では「霊魂（ブシケ）」と題する散文詩ほかの数篇であろう」と記している。彼の著書には又、私には「頑なさに併せて」「ふしぎな節度があった」といい、「ことばのひびき、文字からの視覚的な訴え、感情移入の速度の抑制、それらが生む重層的なイメージといったこと」が「中村の詩において高い比重を占めていたのではないだろうか。この古典的ともいえる端正な姿勢は、初期中の初期作品である中学時代の「白鳥」にも、一高国文学会の壁面に筆書されていた「葬ひ」にもすでにあらわれていた」と書いていた。

私は「霊魂（ブシケ）」という詩を書いたことも憶えていないし、もちろんその内容も憶えていない。「白鳥」は中学四年のとき、都立五中の校内誌『開拓』に発表した詩であるが、決して端正ではない。国文学会の壁面に筆書したという「葬ひ」も憶えていないが、白い壁面を粗末な筆で貧しい詩を書いて汚したことに恥じ入り、身のすくむ思いがある。

網代の著書には著者の立ち位置が明確でないことが欠点であると記したが、網代の私に対する立ち位置が右の記述から分るだろうか。私の一部限定版詩集を作ってくれるほどに彼は私に友情を抱いていた。同時に「再びなる帰来の日に」にみられるように彼の詩作に関して彼にとって私はライヴァルでもあった。彼は篤い友情と烈しい敵意を私に対して併せ持っていたにちがいない。そうであれば、右のような高みから冷静な筆致で私の作品を評価することはできなかったはずである。この立ち位置の不確かさは、彼の飯田に対する点でも、中野徹雄に対する点でも見られるところであり、彼の著書の全体を通じていえることである。

「再びなる帰来の日に」もその絢爛たる措辞、断片的にみれば特異なイメージがちりばめられていることは間違いないし、それが遠藤麟一朗や飯田桃をして、創刊号に掲載するにふさわしい学生の作と評価させたのかもしれない。そういう意味で、文学青年一般の水準を出ているかもしれない。しかし、これは器用な教養人の作の域を出るものではない。

＊

網代が『世代』に実質的に関係したのは創刊前に始まり一九四六年七月の創刊号から同年一二月刊の第六号までの第一期であり、約八カ月の休刊後、一九四七年九月刊の通巻第七号から一九四八年二月刊の第一〇号まではほそぼそながら関係していたかもしれないが、長い休刊後のガリ版から活版印刷となった、同人誌とみられるような同人たちの雑誌となった一九五〇年一二月から五一年までの間に刊行されたガリ版『世代』第一一号から第一三号まで、印刷された雑誌『世代』第一四号、一九五一年一二月刊から一九五三年二月刊の第一七号までの間は、網代はまったく関係していない。彼の著書の中、ことに創刊に至るまでの記述、初期『世代』の記述の現実感に比べ、目黒書店から『世代』編集部が追いだされて以降は、彼はもっぱら収集した資料にもとづいて記述しているので、現実感に乏しいし、間違いも多い。私自身についていえば、目黒書店に編集部があった第一期、第二期はかなりに距離をおいていたが、同人誌同様の雑誌となるにしたがい深く関係するようになったのである。

網代は彼の著書に矢牧の追悼文集『脱毛の秋』に寄せた荻窪の酒場「龍」のマダム鍵山喜美さんの文章を引用しているので、以下にそのまま孫引きする。

「平凡な家庭の主婦だった私が、或る日突然といったような事情で中央線荻窪駅近くの飲み屋街に店を出した。……若い、そして気持のよい方達が集まるようになり、矢牧さんもそんな方達の一人であった。たいていはグループで、ほとんど毎晩のように、亡くなられた遠藤さん、工藤さん、内藤隆子さん、弟さんの幸雄ちゃん、都留さん、網代さん、天野さんといった方々が次々と、時には一緒に来られ、焼酎にレモンを薄く切ったものを浮かべたコップを前に愉快にしゃべり、笑いそしてロシア民謡や、童謡の替え歌を合唱したりした」。

右の引用に続けて、網代は次のとおり書いている。

「思えばこの人も、「世代」の悪童たちに過分の好意を抱いてくれていたにちがいない。勘定の支払係は矢牧だったのだろうが、かれのことだからまともに支払っていたはずはない。それにしてもマダムこと喜美さんはいやな顔ひとつ見せたことはなかった。ある時大挙して訪れたところその日は休業で扉がしまっていたことがある。さしもの隊長遠藤が鼻白んだ時私は言った。ぼくに任せろ。――錠前はいとも簡単にこわれた。あとはいうまでもない、店内に無断闖入して飲みたいものを好きかってに飲んだ。この頃の酒宴はまずもって一日で終ることはなかったから、その翌日も「龍」にくり込んだ。その時マダムは少しもさわがず嫣然とほほえんで言った。「こんなことをするのはあなた達しかいないと思ったわ。」……」。

「龍」のマダムの文中の工藤は工藤幸雄、内藤隆子は遠藤と結婚した内藤都奈子の姉、「世代」に小説を発表している。天野可人(よしひと)は大野正男と高師附属、一高、東大の同級で、大蔵省に入省したが、内藤家の人々を大野をつうじ「世代」に紹介した方である。

網代の著書に、まれに中村も「龍」を訪れた、とあるが、ただ一度、噂を聞いて出向したことがあるだけである。童謡の替え歌がひどく面白かったが、元来ほとんど酒を嗜まない私には破目をはずした、じだらくなどんちゃん騒ぎの酒宴としか見えなかった。

網代は「龍」のマダムが「世代」の「悪童たちに過分の好意を抱いてくれていたにちがいない」と書いているが、ここにいう「世代」の人々とは遠藤、矢牧、網代、それに後に参加した工藤幸雄、内藤隆子だけで、飯田桃、中野徹雄、吉行淳之介、小川徹、日高普らがみな視野に入っていない。網代にとって、「世代」とは遠藤麟一朗であり、矢牧一宏であり、また彼自身であった。このグループの中心が遠藤だったことは「隊長」と網代が書いていることから明らかだが、この才人は賑やかな宴席が好きだったようだが、それほど酒好きだったとは思えない。休業中の店の錠前をこわした網代は明らかに遠藤のご機嫌をとりむすんでいる。矢牧がどこまで酒が好きだったのか知らないが、注がれれば拒むことはなかったようである。酒を飲めば飲むほど、元来色白の彼は蒼白くなった。酒に乱れるということはなかった。私は「龍」の勘定もまともに支払っていたと想像する。彼は性分として几帳面だったように私は感じている。

だが、こうした乱行とまともな社会人が両立するはずがない。網代の著書に遠藤について次の記述がある。

「三日三晩飲み続けなどは珍しいことではなかった。しかもそれがすべて無断欠勤というのでは折目正しい銀行員がつとまるはずはない。さなきだにかれは労働運動に専念し、そのうち有能さも裏目に出て、会社幹部の覚えがめでたいわけではなかった。日比谷支店、西荻窪支店、そして和歌山にまで流れに流れた」。

遠藤麟一朗は住友銀行に勤めていた。和歌山支店に飛ばされたとき、同情した一中、一高の後輩森清武の世話でアラビア石油に転入社した。住友銀行は極度に保守的な会社で労働組合活動に関係しただけで処遇を大いに差別した。それに上司が遠藤ほど才気を持ちあわせていないのが普通だから、遠藤が上司に気に入られなかった可能性も大きい。その結果、銀行員として冷遇された不満から、彼は網代が描いたようなじだらく、放埒な日々を送っていたのではないか。

矢牧に戻ると、彼は深酒しても酔うことはなかったようである。そのために深酒し、命とりになった肝臓病を患うことになったのではないか、と私は想像している。私は網代と酒席を共にしたことがほとんどない。だが、彼も矢牧と同様、酩酊しても、顔に出ない資質だったようである。酒に強かったから、深酒しても外見はまったく変らなかった。酩酊すれば、歩行が覚束なくなり、呂律(ろれつ)が廻らなくなり、あるいは極端に雄弁になったりして、酔態を示す人が多い。そういう酒飲みが健全なのではないか。網代はそういう酔態を示すことがなかったようである。

＊

私が「龍」に遠藤、矢牧、網代らを訪ねたころから、私は網代と疎遠になった。大学でも構内で彼と出会ったことがない。それは大学に進学して二年ほど、私が水戸などに住み、通学しなかったことによるかもしれない。彼が厚生省に入省したこと、彼が下宿先のお嬢さんと結婚したことも聞いているのだが、彼と会って聞いたのか、文通があったのか、第三者を通じて私の耳に入ったのか、はっきりしない。

一つ二つ、忘れがたいことがある。一つは、私が弁護士になって数年後、大阪地裁に係属中の事件があって、大阪に出張し、まだ開業したばかりのグランド・ホテルに泊ったことがある。当時は大阪出張のさいは必ず一泊することが必要だった。そのころ、網代は京都府に転勤になり、京都に住んでいた。私は彼に連絡をとり、グランド・ホテルに来てもらい、バーで会う約束をした。バーにはカルヴァドスという酒があることを私は確かめていた。敗戦後レマルクの『凱旋門』という小説がベストセラーになったことがある。主人公は何かといえばカルヴァドスを飲んだ。私たちはカルヴァドスとはどんな酒か、好奇心をつよくしていた。私は網代にカルヴァドスを味わってもらいたい、と発想し、彼を招待した。彼は喜んでグランド・ホテルのバーにやって来た。そして、カルヴァドスを賞味した。私たちは久闊（きゅうかつ）を叙し、弁護士の仕事のこと、厚生省の仕事のことなど、語りあった。文学の話は出なかったように憶えている。彼はすでに文学青年を卒業し、有能な厚生官僚たらんとしているようにみえた。

二つ目のことは、また、別の機会に、どうしてか網代と出会ったときの話である。そのとき網代は、このままいけば、次官まで昇進することは間違いない、と太鼓判を押された、と得意そうに語った。厚生省には、一高入学以来の同窓である中野徹雄、木暮保成、木村政光らが同時に入省していた。中野や木暮よりも網代が、という思いが私の頭を掠めた。だが、網代の要領のいい才気走った仕事の処理が上司の目についたのか、と感じた。

そんなことを憶えているだけで茫々歳月が経った。

＊

やがて網代のアル中に厚生省は手を焼いている、という噂を耳にした。網代が無断欠勤する。翌日も翌々日もまったく姿を見せない。家に問い合わせても夫人は何もご存じない。行方不明になった彼を心配していると、東北地方の田舎の警察署から、厚生省のなんとかいう部署の網代毅だという人を保護しているのだが心当りがあるか、という電話がかかってきた。すぐ彼を引取るため人を派遣したが、その二、三日の間、彼自身にはまったく何をどうしたのか記憶がない。

そんな事件が何遍かくりかえしおこった。アルコール依存症に間違いなかった。厚生省のことだから、アルコール依存症の治療のため手を尽くしたにちがいない。その結果、治癒したものの、しばらくすると又、症状が戻った。そして又、治療をうけて快癒した。民間会社ならとうに馘首されているところだが、中央省庁は面倒見がいい。彼の著書の奥付の著書の説明には、一九七八年に厚生省を退職した後、社会福祉・医療事業団等を経て、現在は信託協会顧問、と記されている。社会福祉・医療事業団等とあるから、この事業団に天下りさせ、その後も外郭団体のいくつかを経て、信託協会顧問に押しこんだのであろう。彼は一九五一年に厚生省に入省した。彼の著書は信託協会顧問という、おそらく名義だけで実務のない、しかし若干給与が得られる身分のときに著述されたのである。この著書の執筆時はアルコール依存症は快癒期間にあったのであろう。彼は旧制一高在学中、

『世代』創刊の前後こそ、彼の青春であり、生涯忘れがたく幸福で充実した時期と回想していたのであろう。ともかく彼はその著書を書きあげた。彼は語彙が豊かであり、表現力もあった。しかし彼の著書が失敗作に終ったのは、その立ち位置をはっきりさせないままに筆を執ったからであった、と私は考える。彼が立ち位置をはっきりさせていたとすれば、彼の著書は旧制一高における青春を、謳歌するにとどまらず、同窓の友人たちとの血みどろな対決の中で彼が自己を確立してゆく、人格形成史となったはずだし、学生のための学生による雑誌を標榜した『世代』が挫折した所以がどこにあったか、遠藤、飯田、中野らの野望や戦後青年の生態がどういうものであったか、こうしたことの貴重な記録となったのではないか。そういう意味で惜しまれるべき著作であった。

彼は酒に酩酊した。しかし、酩酊するだけでは足りなかった。彼は酒に溺れた。ここでも彼は酒に対する立ち位置を見失っていたようにみえる。ほとんど酒を嗜まない私が彼の飲酒について批判するのは無謀、無理解の謗りを免れないだろうが、彼の多藝多才を知るだけにつけ加えて言っておきたいという気持が切なのである。

ところで、この著書を刊行してから彼は烈しい鬱病を患った。そのため、彼の周辺の人々は非常に苦しみ、迷惑したという。飯田はそれは荷下(におろ)し症候群だと切って捨てるように言った。おそらく念願の著述の執筆は彼にとって宿命的な重圧だったろう。その重圧から解放されたとき、鬱になっても仕方がない、と飯田はいう。定年退職者の一部に鬱になる人がおいでになるそうである。老母を介護して孝養の限りを尽くした娘が鬱になることが多いのもやはり荷下し症候群であろう。

網代は鬱から脱れるために、又、酒を選んだ、と聞いている。私の許に正確な情報が届くことは稀なので、これも誤りかもしれない。彼はアルコール依存症に罹り、その治療をうけ、小康を得た。

私たち旧制一高出身の仲間たちが集まっている碁会があったという。多藝な網代はこの碁会に時々顔を出していた。そのさいは必ず夫人が付き添っていたそうである。夫人の視界から脱け出ると彼が何処を彷徨することになるか、誰にも分らなかったからである。しかし、それも長くは続かなかった。最晩年はひたすら家にひきこもっていたようである。彼は呆然と無為に日を送っていたのだろう。

彼の訃報を聞いたのは二〇〇九年四月であった。彼の多彩な才能を思い、ついに花ひらくことも実を結ぶこともなく終った彼の生涯を思い、しばらく私は切なく、憐れでならなかった。

駒井哲郎

私の亡兄は駒井哲郎の作品「R夫人像」を愛蔵していた。亡兄はこの作品を駒井から贈られて入手した。兄は小児科の開業医であった。小学生だった駒井の一人娘、美加子さんが喘息で苦しんでいて、医者を探していたので、東大病院の小児科の喘息専門医を紹介した。その紹介の謝礼として駒井が兄に贈ってくれたのである。私は兄の家を訪ねるたびにこの「R夫人像」を目にしては羨望にたえなかった。

駒井を訪ねたとき、欲しいとか、買いたいとか、言えばよかったとも思うのだが、かりにそう口に出したとすれば、駒井は気やすく刷ってくれたにちがいない。しかし、私の好きな駒井の作品は「R夫人像」に限られないから、駒井の作品を欲しい、と口に出すことも躊躇せざるをえなかった。むしろ、駒井が、その時の彼の気分で、私にくれたいと思って刷ってくれるのを見まもり、刷り上った作品を貰うのがつねであった。二、三の感想を言うだけで、私はきちんと批評できるほどの見識をもっていなかった。それでも、私はいつも駒井の好意に甘えていた。

いま、駒井の作品中、手許において始終見ていたいと思うのは、彼の最後の作となった「帽子とビン」である。これは銅板を用いたものではなく、亜鉛板を用いた作品である。専門家に教えられたところによれば、銅板のばあい、腐蝕がゆっくり進むから、腐蝕中にニスを塗って腐蝕を止めたり、描き加えたりして、腐蝕の時間の差による複雑な黒の色調を出すことができる。しかし、亜鉛板のばあい、酸に対して反応が非常に早いので、修正のきかない一回限りの真剣勝負のようにニードルで線を刻むこととなる。駒井は生涯の最後に亜鉛板に挑んだ。帽子は彼がふだんかぶっていたものである。ビンは当然洋酒の壜なのだが、栓がしてある。酒乱ともいわれるほどに酒癖が悪く、飲む酒量も自制する余地のないほどに好んだ酒の壜に栓をしていることは、最晩年にいたって酒量を制限しようと、意図したことによるものだろう。そう考えると、駒井はそんなに思いつめていたのかといたましい思いがつのる作であり、見ていると彼がこの世に残した形見のように思われ、悲しさがふつふつと湧き上ってくる。ここには抒情性もなければ、詩的な情緒もない。また、駒井の作品の一面をなす、悪魔的ないし無気味な気配もない。飾らない日常が、のっぴきならないかたちで、これ以上、加えることも、減らすこともできない、ぎりぎりの姿で示されている。まことに凄絶な絶品といってよい。

駒井は容姿の良い人であった。動作、物腰が極度に洗練されていた。お洒落のために服装を選ぶでもなく、仕事着でもサマになっていた。まして、カジュアルな上衣にアスコット・タイを締めて、自分の展覧会などで応待するときなど、長身痩躯、男性の私がみても、ほれぼれするほど、きまっていた。映画俳優その他芸能界などの二枚目とはまるで違う、いかにも芸術家らしい着こなしであり、身なりであった。たとえば、容貌だけについていえば、安東次男の方が顔立ちがととのっていたといえるかもしれないし、安東には古武士の風格があったといえるかもしれない。しかし、駒井と並ぶと、安東は何としても田舎者という感がつよい。それだけ駒井は都会的に洗練されていた。あれほど垢抜けた容姿をもつ男性を、私は他に知らないし、今後知ることもありえないだろう。

ところで美加子さんの喘息に戻ると、東大の医師の処置で一旦は治癒したかにみえたが、そういう状態は長続きしなかった。私の亡兄はほとんどお役に立てなかったのに、「R夫人像」をせしめたことになる。

ところで「R夫人像」について付け加えると、かつて『駒井哲郎　若き日の手紙』が出版されたさい、私は「序にかえて」に次のとおり記したことがある。私は『束の間の幻影　銅版画家駒井哲郎の生涯』と題する拙著の中で、駒井の日記体書簡を引用したが、この日記体書簡は「一九五〇（昭和二十五）年九月十一日から一九五一（昭和二十六）年八月九日までのほぼ一年間にわたり、駒井哲郎が九歳ほど年長の女性に宛てて書いた私信である。美貌で、華やかで、自らも油絵を描き、藝術に理解がふかく、知性に富み、しかも富裕な家庭の主婦であったこの女性と、駒井は東京美術学校在学中に知り合い、彼女を思慕し、敬意と愛情をささげていた。私は拙著中に、この女性が駒井の「R夫人の肖像」あるいは「R夫人像」として知られる作品のモデルであったと記したが、これは私の誤解であったようである。加藤和平氏はこの夫人と由縁（ゆかり）の方であり、この夫人を加藤氏にならってレイ夫人とよぶこととすれば、加藤氏はレイ夫人から駒井および駒井の作品について直接多くの事柄を耳にしておられる。この日記体書簡の時期、レイ夫人が当時結核性カリエスのため関西地方の病院に入院していたので、この日記体書簡は、病床にあったレイ夫人に対して日常生活の報告のために書かれたものと思われる」。

読みかえして、私は我ながらじつに不得要領な悪文であることを恥じる気持がつよい。

駒井に九歳年長の美貌の夫人を思慕し、敬意と愛情をささげていた時期があったことは間違いないし、その事実を私は駒井からも駒井美子夫人からもじかに聞いている。この事実は駒井の周辺にいた人々の間で広く知られた事実であったと思われる。この夫人に宛てて『駒井哲郎　若き日の手紙』に収めた書簡を送ったことも間違いない。私は「R夫人像」のモデルがこの夫人であると思いこんでいたのだが、この夫人と由縁のある加藤和平氏が私の理解は間違いだと指摘なさったので、その旨を「序にかえて」中、右記のようにことわったのだが、このようなことをことさら記したので、私の文章が混乱している。「R夫人像」と若き日の駒井書簡は関係ないのなら、そのことは書かずもがなであった。

じっさい、「R夫人像」は写実的な肖像画ではない。この作品には容貌の写実的な描写もなければ、肖像としての陰影もない。顔の中央に鼻すじが通り、その下に小さな唇が描かれ、その中心線にシンメトリックな顔の輪郭が描かれ、円い帽子のようなものをかぶり、眼を淡いヴェールがさえぎっている。これは、どんな女性であれ、モデルをもつ現実の女性像ではありえない。駒井の夢みたある夫人像であり、非写実的であるとともに、非現実的である。いわば駒井の「夢」の連作につらなる作品の一であり、その非現実性に魅力がある作品であるとみるべきだろう。

この非現実的、夢幻的な描き方が「R夫人像」の魅力なのだが、看過できないことは、肖像の頭部の背後のレース模様が与える華やかさである。このレース模様は現在画集に載せられているものはレースがくっきりと白抜きになっているが、当初の版では黒白が逆になっていた。これはアクワチントとよばれる技法により一九七〇年に修正したものである。この年駒井は美子夫人を伴いパリを再訪し、長谷川潔を訪ねた。そのさい、長谷川潔の作品「二つのアネモネ」のレースは、こうして作るのではないでしょうか、と訊ね、まあそんなもんだろうね、という答えをえて、修正したものであり、当初の版を制作してから二〇年後にアクワチントの技法を修得、修正したものである。

こうして完成された「R夫人像」は駒井の代表作の一とはいえないまでも、彼の作品の一面を昇華させた、好ましい、それこそいくら見ても見あきるということのない作品といってよい。

＊

駒井との思い出は千葉県勝浦市に属する鵜原で安東次男一家、駒井一家、私一家の三家族で毎夏共に過ごした日々と分かちがたく結びついている。一九六六（昭和四一）年、私は鵜原駅を見下す丘の上にささやかな小屋を建てた。その年から、たしか九年間、毎夏の数日を三家族で過ごした日々は愉しかった。その小屋も亡妻が二〇〇〇年に他界した後、まったく利用しなかったので、朽廃が烈しくなったため、取り壊した。これを取り壊したことは私の生涯の頂点をなす眩しいような一時期を葬り去るような感慨を催すのだが、いまの私には修理したところで利用もできないのだから、他に選択の余地はなかった。

たとえば、この小屋に一歩足をふみいれたとき、駒井が、松田先生の設計みたいだ、と呟いたことを憶えている。駒井は美術学校卒業後、松田平田建築設計事務所に勤めたことがあった。この事務所は松田軍平、平田重雄の義理の兄弟による共同事務所であり、駒井は平田先生の指導をうけたのだが、当然、松田軍平の設計にも日夜なじみ親しんでいたので、その特徴を理解していたのであろう。一方、私の鵜原の小屋は、私の旧制一高時代の友人藤永保の夫人の姉にあたる方が設計してくださったのだが、この方は松田軍平先生の長女であった。そこで、彼女から直接聞いたわけではないが、彼女は一応設計した段階で松田先生に見てもらい、いろいろと注意や勧告をうけ、そうした注意、勧告にしたがって設計を手直ししたにちがいない。その結果、駒井の炯眼が、一見で、松田軍平の設計の特徴を見抜いたのであった。駒井が教えてくれた、いくつかの設計上の特徴を思いだし、そのときの彼の控え目な口調がまざまざと私の記憶によみがえる。そうすると、私には駒井に対する懐しさと取り壊した小屋の懐しさがこみあげてくる。そして、すべてのものは過ぎ去り、失われるのだと自分に言いきかせるのである。

私たちは午前一〇時ころに海水浴にでかけるのが習わしであった。鵜原には遠浅の海に東西二つの岬の間の弧状にひろがる海水浴場があるが、私たちが遊んだのはその海水浴場ではなかった。鵜原理想郷といわれる東側の岬をはさんで海水浴場の渚と反対側にある入江であった。この入江は勝場という漁港であり、磯には何隻かの漁船が係留されていたし、漁業組合の事務所もあった。勝場の入江の一部にまた小さな入江があり、ごとがえりと呼んでいた。勝場の入江は太平洋に面しているのだが、沖合二〇〇メートルほどの位置にこうめ島といわれている岩礁が横たわっているので、ふだんは穏やかであった。生活排水のようなものも流れこまないから、水は藍よりも青く、透明度が高かった。ただ、海水浴場と違って、岩場から足をふみいれると、いきなり、二、三メートルの深さがあった。海は水晶のように澄み、海に入れると足指が見えるほど海水は綺麗であった。

私たちは昼食は海岸でとることにしていたから、昼食をはじめ、上衣、タオルなどの荷物をおく本拠地を設けていた。美加子さんは最初の年はその四月に生れたばかりであった。

日蔭に籠のようなものを置き、美加子さんを寝かせていた。長男の亜里君も六二年生れだから、まだ四歳かそこらであった。私たちは毎年夏になると二人の成長ぶりを見ることとなった。

私たちの本拠地は、後、距離としてはよほど遠くなるが、休憩するさい十分な空間のある場所に移したが、当初はごとがえりにもっとも近い岩場の先端に近く本拠地を設けていた。理想郷の岬の入口に近く鵜原館という旅館があるが、鵜原館を右に見て通りすぎると隧道がある。その隧道をぬけると、すぐごとがえりへ降りる坂道がある。坂を降りきると、生簀跡のような四角い凹所が連なり、その凹所と凹所との間は石積みになっていて、その細い石積みの先端に岩棚がひろがっている。私たちが当初本拠地としたのはこの岩棚の一隅であった。岩棚の先端と対岸との間はたぶん三、四〇メートルの距離であり、この間を勝場の漁港に出入りする漁船が朝夕往来する。この三、四〇メートルの水路の両側には岩壁がそそり立っている。岩壁の上はマツ林である。入江の上空、またマツ林の上空を、鳶が二、三羽舞っていたりする。ここは水深がふかいから、遊びにくる人は少い。私はこの透明度の高い穏やかな海に面した地域をこよなく愛していた。自然の風光として、この一帯の地域ほど好きな場所を私はいまも他に知らない。この岩棚は日当たりがよすぎて日蔭がないのが欠点であった。そのために本拠地をもっと遠いが、日蔭もあり、雑多な物などを置いたり、腰を下したりするのに工合の良い場所に移したのであった。

駒井をはじめて案内したのも、この当初の本拠地であった。四角な凹所を区切る、細い石積みの通路は、細いだけでなく、潮が満ちると海水で洗われるから、始終濡れている。したがって滑りやすいから、この通路を往来するには細心の注意が必要である。

駒井の晩年、一九七五年の作、「岩礁」は、この岩棚からみた岩壁と入江を描いた作である。岩壁はまるで髑髏のようにみえる。入江は黒々と逆巻き、魔性を帯びているかのようである。この風景は私が愛してやまない、ごとがえりの岩壁と入江を駒井が描いたものであることに間違いないのだが、駒井の心象にはこんな恐怖にみちた光景に転化していたのであった。滑りやすい、濡れた石積みの通路を歩くことが、駒井にとって、そんなにつらいこととは私は思い及ばなかった。いまになって、私は駒井に対し思いやりがなかったことを申し訳なく感じている。ただ、一般の凡庸な人間には美しいとさえ見える風景を魔性を帯びた風景として、いかにも駒井の一面としての悪魔的な物象として描かせたという意味で、私は貢献したのかもしれない、とも考える。恰好のよい、どんな身なり、そぶりもサマになった駒井の作品には、樹の一連のような端正な作も多いが、若いころの『マルドロオルの歌』にみられるような悪魔的な心象を造形した作品も多い。そういう意味で「岩礁」は駒井の晩年の代表作の一といってよい。

それにもかかわらず、私が思慮の足りなかったことを恥じなければならないのは、当時私が駒井の交通事故の後遺症についてまったく気にかけていなかったことである。駒井は一九六三年一〇月二〇日深夜（美加子さん誕生の半年前）、第二京浜国道で交通事故にあった。この日、駒井は慶應普通部時代の友人が喫茶店を開いたお祝いの会に招かれて出席、その友人が駒井の自宅までの運賃を先払いして駒井をタクシーに乗せたにもかかわらず、第二京浜国道で下車、当時流行していたヴォーカル・グループであるマヒナ・スターズの楽器を運搬中の小型トラックに轢ねられたのであった。駒井は第二京浜国道にタクシーがさしかかったさい、飲み屋の看板でも目にとめて、タクシーを乗りすてたのであろう。私は駒井を代理して事後処理にあたったのだが、駒井に有利だった事情は、轢ねられたのが横断歩道上だったことであった。その法律上の事後処理はともかく、駒井が運びこまれた救急病院であった坂口病院の処置が良くなかった。そのため、翌年二月二七日関東労災病院に入院、二回目の手術をうけ、六五年五月一四日に三回目の手術をうけ、退院後もリハビリテーションに苦労していた。鵜原に来たときも、まだ決して健常者のような歩行能力はもっていなかったのである。そのことに私は気づいていていなかった。私が悔いること切である。

美子夫人は最初の年は泳げなかったが、翌年夏より前にスイミング・スクールに通って泳げるようになり、大いにごとがえりの水泳をたのしむようになったし、亜里君も美加子さんも年を追うごとに鵜原の数日をたのしむようになったはずである。ただ、私にとって忘れがたく申し訳なく憶えているのは、亜里君が安東の東京外語大の教え子の学生の運転する自動車で帰途、運転を誤って事故をおこし、相当の怪我をしたことである。生命の危険は免れたとはいえ、そんな事故もふくめ、いろいろなことがあった。

安東は神伝流の免許皆伝ということだったが、川で泳ぐのは好きでも、海で泳ぐのは好まないようであった。駒井も海水パンツの写真が残っているから、泳ぐつもりがなかったわけではないらしいが、泳ぐのを見た記憶はない。駒井については夕食後、酒がすすむにしたがい、酔余、悪口雑言がとまらなくなった。私はこれが名高い駒井の酔態かと思い知った。「なんだ、中村、えらそうな顔をしたって、ろくな仕事はしないじゃないか」といった調子であった。その翌日、恥じらうような表情で「ぼく、きのうの夜、何か失礼なことを言ったんじゃないかしら」と身体をすくめて言うのを聞くと、本当に自分の言ったことを憶えていないのか、と私は訝しく思うのがつねであった。

ただ、こうした酔余の発言は駒井と親しくしていた人々の間ではむしろ穏やかな方であり、彼の罵詈雑言ははるかにすさまじいものだったらしい。私が野見山暁治さんから聞いた挿話を『束の間の幻影　銅版画家駒井哲郎の生涯』に紹介したので、以下に引用する。

「あるとき、芸大の人事委員会に属する教授たちの会合があり、ある学科が他の学科から貸しているポストを返せ、いや借りていない、といったことが話題になった。借りているといわれている科の教授から前夜野見山に電話があり、借りているというのは本当なのだが、貸しているといいはっている人物が嫌いだから、そのまま借りていないといいはるけれども、その人物がいなくなればけりはつけるから、そういうつもりで明日は黙って聞いていてほしい、このことは駒井にも電話して了解を得ている、ということであった。その人事委員会に駒井は泥酔してあらわれた。そして、席につくと、ポストを借りているといわれている教授にむかって、おまえは昨日、本当は借りてるんだといったじゃないか、と罵り、ポストを貸していると主張している教授にむかって、おまえがみんなから嫌われているから悪いんだよ、と罵り、おかげで人事委員会の議事は目茶苦茶になってしまったという。駒井の酔態はじっさい目にあまるものであった。関係した二人の教授が駒井の非常識、無軌道を許しがたく感じても決してふしぎではない。ただ、駒井のために弁解すれば、建前と本音を便宜に使い分ける、といった処世術は駒井にとって我慢ならないものであった。そういう意味で駒井はモラリストであり、潔癖であった。素面の駒井にはそうした生活上の虚偽に目を瞑っていることはできても、いったん酩酊して抑制がきかなくなると、はてしもない罵詈讒謗（ざんぼう）となり、他を傷つけ、自らも傷ついたのであった」。

こうひきうつしてみると、鶉原の小屋で酩酊した駒井が私に向って発言したことは、あるいは駒井の本音としての私の作品に対する批判だったのかもしれない、と考える。反面、「帽子とビン」の洋酒の壜の栓が閉められていることを思いうかべ、彼は泥酔を反省し、酒量を抑制しようという気持をもっていたのであろう、とも考え、駒井をいじらしく、懐しく思いだすのである。

＊

駒井も安東も一応水着は持参したものの、鶉原で泳いだことはないはずである。一九六七年刊の春陽会の機関誌『春陽帖』に駒井は「鶉原行」という文章を寄稿している。これは前年夏、私の小屋で安東、駒井、私の三家族で過した日々を回想した随筆だが、文中、

「ぼく達は先ず腹ごしらえをして興津の先の行川（なめかわ）という遊園地へ行った。そこで美味い昼を食い、楽焼などをして遊んだ。安東は絵も仲々上手なので可成り面白い絵皿などつくっていた。しかしそれよりもぼくは安東に俳句を中村には詩の一節を皿に書いてもらった。今でもときどき眺めては夏の日の大人げない遊びを思いだす」

と駒井は書いている。ほとんど毎夏行川アイランドに遊びに行き、楽焼に絵付けして遊んだので、かなりの数の作品を作ったはずである。まさか駒井家には私が自作の一節を悪筆で書いたものが残っているとは思われないが、私自身は次の三点を大切に所持している。

第一に、食堂の食器棚に常時納まっている湯呑みである。直径八センチ、高さ一一センチほどの大ぶりの湯呑みには、黒字で

次男

青芝に
雨意の
濃淡
くちすゝぐ

と、安東としては珍しくまったく気取らない、きちんとした書体で書かれている。この時代、安東はまだ流火草堂と号してはいなかった。この句は句集『裏山』に収められているので、たぶん彼の若いころの自信作にちがいないが、詩心の感興に表現が追いついていない感がある。

注目したいのは、この句の左に、駒井が絵というよりスケッチを添えていることである。淡い青に発色しているが、長短の草の葉が五、六本、描かれて、T・K、という署名がある。どの葉の線も一気によどみなく描かれ、中央の二本の長い葉とその二本をとりまく四、五本の短い葉とのくみあわせが、じつに見事な構成をかたち作っている。この構成の美しさはほれぼれするほどである。駒井は写実的に草花等を描いても、たしかな手腕をもっていた。

第二は、私がいま寝室兼書斎として使っている部屋の壁に架けてある直径二一センチほどの絵皿である。素焼の陶器の皿に黒く発色する釉薬を全面に塗り、皿の周囲は緑色にふちどり、中央部は黒の上に点々と駒井らしい円や楕円、その他が散乱している。この時期の銅版画作品と比べると、たぶん共通した特徴を認めることができるだろう。

第三は、しいていえば花生けだろうが、高さ二一センチ、直径一七センチほどの筒であり、これの外側にも内側にも、さまざまな彩色が施されている。駒井の作品にみられる抽象的な図柄が花生けの内、外両面に描かれている、という以上に私には説明する能力がない。この花生けは大きいし、いかにもこわれやすそうだし、褪色しそうなので、桐の箱を注文し、箱の中に収め、床の間の隅においてある。

これら三点はいずれも駒井の作品として他に類のない、貴重なものだから、私の宝物といってよい。駒井との交友の余沢である。

こうした楽焼は、絵付けをしてから焼き上るまでにかなりの時間がかかる。行川アイランドはその時間潰しに最適の遊園地であった。総面積四五万平方メートル、開発された地域の面積が三三万平方メートルという。森矗昶（のぶてる）のおこした森コンツェルンが属する日本冶金工業が実質的に運営していた。太平洋に面し、敷地は起伏に富み、ゆたかな緑にあふれ、フラミンゴ・ショーなどが売りものであった。バーベキューなどもできたし、食堂の食事も美味であった。宿泊設備もあり、駒井夫妻は宿泊したこともあるはずである。

私がもっとも好む公園は武蔵丘陵森林公園である。滑川村と熊谷市の一部を占める、この国営公園には、サイクリング・コースの他、何の娯楽施設もない。小石川植物園の数倍に近い、手入れされた自然をたのしめるように工夫された空間がある。

そういう意味で行川アイランドは健全な娯楽設備だった。しかし、ディズニーランドのような大がかりな施設による刺戟のつよい遊園地を世人は求めているのであろう。最盛期には外房線に行川アイランド駅が特設されるほど、入場者があったが、ことにディズニーランドが開業して以降は入場者は年々減り、とうとう閉鎖に追いこまれてしまった。私としては残念の思いがつよい。駒井作品三点は行川アイランドのかたみでもある。

＊

一九六六年夏、私は詩集『鵜原抄』を思潮社から刊行した。安東がレイアウトし、駒井が装幀し、特装版のためにはオリジナルのエッチングを寄せてくれた。この詩集は駒井と安東が私に寄せてくれた友情のかたみであった。

＊

駒井の生涯については前掲拙著で充分に書いたので、本項ではくりかえさない。
駒井は一九七六年一一月二〇日午後八時二〇分、舌癌のため国立がんセンターで他界した。私は一九日から駒井を見舞っていた。夜更け、亜里君と美加子さんを近くのホテルにチェック・インするため手続中、危篤という知らせが入り、急いでがんセンターに二人を連れてひきかえした。駒井は家族に見まもられて息をひきとった。享年五六歳であった。

この年、亜里君は一四歳、美加子さんは一〇歳であった。美子夫人はずいぶん苦労なさったであろうが、二人の遺子は立派に成人した。美加子さんはすばらしい美少女になった。駒井と美子さんの双方の美点だけをひきついだ抜群の美貌だった。しかし、一九九五(平成七)年五月一四日に急逝した。葬儀は彼女の通っていた無原罪聖母幼稚園を設置していた無原罪聖母宣教女会でしめやかに営まれた。会堂は夭逝した美加子さんを悼む悲しみと静けさにつつまれていた。美加子さんはこのとき婚約し、結婚を間近にしていた。没後、遺品を整理していると、喘息の特効薬ステロイドが相当量隠匿されているのを発見した、と聞いたことがある。特効薬とはいえ、苦しいからといって、いくら服用してもいいものではないようである。苦痛に耐えかねて、美加子さんはステロイドを許容限度を越えて、こっそり服用していたらしい。それが彼女の死を招いたと聞いている。美加子さんが耐えかねた苦痛を思い、ひそかに服用した心情を思うと、たまらなく可哀想になる。生きていたら、駒井もさぞ嘆いたであろう。

そこで私はまた、亡兄の所蔵する「R夫人像」を思いだし、兄にはこれを所蔵する資格はない、と思うのである。

岸田衿子

私には岸田衿子さんと親密に交際した時期があった。そう長くはなかった。一年半か二年かそこらであった。その後も彼女が亡くなるまでほそぼそと交友関係は続いていたが、用事があるときに彼女の側から私に連絡してくるだけで、私から声をかけたり、文通することもなかった。しかし、彼女と親密に交際した時期は確実に私の青春期の宝石のように貴重なときであったように思い出される。とはいえ、私は彼女と手をふれあうことさえないままに別れたのであった。彼女と別れたことははっきりしている。ずるずると、いつの間にか疎遠になり、交際が途絶えたのではなかった。あるとき、たぶん一九五四（昭和二九）年の春ごろだったと憶えているが、岸田今日子さんから、詰問されるように、

「中村さんは姉と結婚なさる気がおありなのですか」

と訊ねられた。私はかなり狼狽した。私は衿子さんと結婚するつもりはつゆほどもなかった。私が衿子さんにいだいていた感情は恋慕といったものとは違っていた。しかし、彼女の傍らにいることは愉しかった。彼女は純真な童女がそのまま成人したような無垢な心をもっていた。いつでも庇護し、身辺を世話してくれるような男性が必要であった。私は結婚相手の女性として主婦に専心してくれる人を希望していた。私の我儘に耐えてくれる、私が弁護士としての仕事にうちこむのを支えてくれるような女性が私の望みであった。衿子さんの童心、無垢な、時として自己本位で勝手な性格はじつに魅力的であり、女友達としては最適であったが、私の妻となるにはふさわしいとは思われなかった。具体的にいえば、炊事、洗濯、育児、家事万端、彼女には不似合であった。そういう仕事を彼女がやりくりできるとは思われなかった。それでいて密度の濃い親しみを感じ続けていた私は不真面目だったのだろうか。彼女の側で私との結婚を希望したことがあったのだろうか。彼女と私との間で結婚が話題になったことはなかった。だから、今日子さんからの詰問されるような質問に対し、私は、「いいえ、結婚するつもりはありません」と答えたのだが、それは今日子さんのお節介だったのかもしれない。今日子さんは脇から見ていて、私たちの関係にじりじりしていたのかもしれない。ただ、今日子さんにご返事した後、私と衿子さんりの友人関係として、彼女の死まで、交際をたもったのであった。との親密な交際が終ったことは間違いない。とはいえ、絶交したわけではない。ありきた

*

私が衿子さんにはじめて会ったのは一九五一（昭和二六）年の夏であった。私は米川丹佳子夫人のお招きで、群馬県北軽井沢大学村の米川正夫先生の別荘にお邪魔した。当時はロシア文学の翻訳といえば、トルストイ、ドストイェフスキー、ゴーリキーをはじめ大部分の作家のほとんどを米川正夫先生が翻訳刊行していた。私と同世代、また私より上の世代の人々はロシア文学といえば必ず米川正夫訳で読んでいたはずである。北軽井沢の山荘でも、米川先生は毎日孜々として翻訳の推敲をなさっていた。山荘の前庭は鬱蒼とした森に囲まれ、その先は崖となって、崖下には照月湖といわれる、ささやかな人工池があった。

ある日、岸田國士先生がおいでになったことがあった。ヴェランダで岸田先生と米川先生が談笑なさっていた。森林を渡ってくる風は涼しく快かった。招かれたというわけでもないのに、私はお二方と同席した。たまたま私の書いたものについて、ある文芸誌で手ひどい批評が掲載されていたばかりであった。私は愚痴を言った。いまから考えてみると、

二四歳かそこらの若者の書いたものが文芸誌の評の対象としてとりあげられること自体、異例であり、むしろ光栄と感じるべきことだったが、私はその批評が私の真意を誤解していることが不満であった。岸田國士先生は、そういうことはまゝあることだから、気にしてはいけない、と忠告してくださった。その諭す口調が穏やかで、いかにも静かだった。その言葉が若い私の身に沁みた。

衿子さんを知ったのはその後間もないころだったにちがいない。その当時の彼女は新制の東京藝術大学美術学部油絵科を卒業したばかりの画学生で、詩人でも童話作家でもなかった。

彼女は、二、三歳年少の四、五名から一〇名ほどの青年たちにとりまかれて女王然とふるまっていた。私にとって衝撃的だったのは私よりも二、三歳年少の、その青年たちの挙動であった。

彼らは次々に新しい遊びを工夫した。そのさなか、軽妙で垢抜けた冗談を応酬し、ひどく早いテンポで会話し、身軽に、すばやく行動した。いかにも都会的であり、別荘族風であった。私には彼らの仲間に入ることなど到底できなかった。私にとって彼らは異星人のようにみえた。彼らの中に谷川俊太郎さんもまじっていたのではないか。また、「さとうきび畑」の作曲で有名になった寺島尚彦さんもまじっていたのではないか。あるいは紹介されたかもしれないが、憶えていない。私はただ茫然としていた。ひたすら彼らの遊びを傍観しているだけであった。

衿子さんは北軽井沢を案内してくれた。考えてみると、大学村の別荘地は案内してくれなかったし、肝心の岸田國士山荘も見せてくれなかった。彼女はスケッチの道具をかかえて、とうもろこし畑のある開拓地などを連れ歩き、時々立ち止まってスケッチした。彼女のとりとめない話に私は耳を傾けていた。彼女と私の間で会話は成り立たなかった。一つには彼女は私の関心であった社会的事象や文学についてまったく興味をもっていなかったし、彼女は岸田國士先生の関係や今日子さんがすでに入団していたこともあって、文学座を中心とする演劇に関心が向いていた。日本や西欧の絵画を話題にすることもなかった。後に彼女が詩集『忘れた秋』を出版したとき、私は意外に感じたのだが、詩に関心があるようにはみえなかった。文学座の人々やそのアトリエ公演を話題にすることが多かったが、いつもとりとめなく、話の途中で話題が別の話題に突然変ることも非常に多かった。だから、私たちの間に共通の話題となる事柄がなかったし、彼女の話がとりとめなかったことが、会話が成り立たなかった理由だったと思われる。そういう彼女の話のとりとめなさに私は惹かれていたといってよい。まるで妖精を見ているような思いがしたのは、やはり私自身が青春期のただ中にいたからであろう。私の記憶が間違っているかもしれないが、私も知っている人が話題になると、きまって衿子さんはその人の悪口を言った。ある女性について、あの人は脂肪の塊りみたいだわ、といった調子である。また、ある語学者について、あの先生は辞書屋さんよ、と評した。外国語辞書でも国語辞書でも、私は辞書を作る学者、研究者を尊敬しているが、衿子さんは辞書作りといった仕事に創造性を認めていないようであった。衿子さんの評はいつも偏っていた。それでいて、評される人物に関するかぎり、一面の真実を鋭くついていた。私は、なるほど、そういう見方もあるのか、と感嘆するのがつねであった。しかも、彼女の見方に反撥した。衿子さんという女性は意地悪だと感じさせられる機会が多かった。それがまた、私が彼女に感じていた魅力の一部だったのだから、青春期とは愚かになる時期だといってよい。

＊

北軽井沢から帰京すると、衿子さんから谷中のお宅に招かれる機会があり、また、文学座の公演やアトリエ公演に誘われることが多かった。谷中のお宅に招かれるときは必ず数人の集まりであった。衿子さんと同年配の若い女性たちの中で、男性は私一人ということが多かった。当時、私は司法修習生だったから、弁護士の卵であった。衿子さんの知人、友人たちの中で私は異色であった。衿子さんの知人、友人たちはふしぎな動物でも見るような眼で私を見ていた。だから、いつも居心地が悪かったのだが、私は誘われると断ることができなかった。

そういう意味では、文学座の公演やアトリエ公演にご一緒するのは愉しかった。数十年、私はいわゆる新劇を見ていないけれども、本来、俳優たちの演技をナマで舞台で見ることは、映画などで俳優の演技を見るのとは違った興趣がある。俳優の息づかい、発声から舞台に現れるときのちょっとした仕草に至るまで、俳優の人間性があり、そのために俳優と観客との間の一体感が生れる。

アトリエ公演はことに愉しかった。まだ未熟な俳優たちの卵には、その未熟さにこそ人間性があふれていた。

私は衿子さんや今日子さんから多くの人々を紹介された。松浦竹夫という、私と同年配の演出家希望の青年がいたことを憶えている。当時、アトリエ公演で見た未熟な女優さんたちの中で、その後、成熟し、著名になった方々も多いはずだが、名前は憶えていない。

私は、どちらかといえば、演劇好きである。いまでも文楽の東京公演は昼間の興行に限って、できるだけ見るようにしているし、見れば必ず充実した満足感を得ることができる。多年、私が新劇を見ることがなくなったのは、弁護士としてかなりに多忙であったし、弁護士業の余暇には若干詩や評論を書いていたので、時間に追われていたからである。それよりもっと重大な理由は私が朝型人間で夜更かしができないためであろう。大宮に住み、午後九時には入浴、一〇時に就眠という習慣を墨守していると、新劇を見る時間はうみだすことができないのである。

衿子さんと一緒に文学座公演やアトリエ公演を見ても、感想を話し合ったわけではない。私はいつも帰宅を急がなければならなかった。弁護士になって以降に比べれば、司法修習生のころははるかに時間に余裕があったけれども、当時から私は早寝の習慣であった。

そんな交際を続けていた一九五四年の初めころ、衿子さんのスケッチと私の詩とを収めた詩画集を出版したらどうか、という話がもちあがった。たぶん私が提案し、衿子さんが賛成し、書肆ユリイカの伊達得夫に持ちこみ、出版されたのだが、出版の魔術のような方法についいては後に記す。だが、衿子さんは好きなスケッチ一〇点を選び、私は最初の詩集『無言歌』に収めた詩以降に発表した一〇篇の詩を収めることにしただけのことで、詩とスケッチとの間には何の関係もない。そういう意味では詩画集というのさえはばかられるのだが、私としては彼女との親密な交友の証しのような心づもりであった。
一九五四年一一月に刊行されたこの詩画集『樹』について、忘れがたいことは、衿子さんが、「中村さんの詩には、「ヒャクショウイッパツ」なんて言葉が出てくるので、意味が分らない、困っちまう」と言っていたことである。「ヒャクショウイッパツ」は「百姓一揆」の意である。衿子さんには百姓一揆という言葉が似合わない。馴染みがなくても止むを得ない。それでも、私はこの言葉を用いた詩が『樹』に収められたと思っていた。ところが、本稿を認めるために調べてみると、収められていない。『中村稔著作集』の第一集に「単行詩集非収録詩篇」中の『世代』一九五二年七月刊に発表した「海」が、その作である。読みかえしてみると、そう拙い作ではない。たぶん衿子さんの意見を尊重して、省くことにしたのであろう。全篇は左に記す。

おれたちはみていた――きりたつ岩崖をきざんでいた
浪の手　倦いた海　百姓一揆の夕ぐれのように
そのちぎれた筵旗のように　押し仆された浪の穂

疲労にあかく照り映えていた泡　退却していつた海

はるかの沖　鳴つていた鋼青の鞭　海は浪を咬み
浪は海を咬みながら　浪濤は低く伏して
挑んでいた　かぶさつてくる夜に　海がはだけていた
傷口に　そのすべてに　生臭い風がふきつけていた……

どうして忘れることがあろう　その日の海を
海は何処ででも鳴咽している　おまえの腋毛のかげにも
おれのあせばんだ掌の奥にも　海はざわめき響きあつている

眼を瞑れば　逆巻いている浪　岩崖をこえてゆく海
曙にかがやく浪の穂……あゝおれたちは聴いている
灌木と乾いた潟のむこうに　鳴咽する海　疲れた浪

魔術のような、この詩画集の出版の経緯は『私の昭和史・戦後篇上』に記したが、念のためくりかえすこととする。

五〇部限定、頒価一〇〇〇円と奥付に記されているこの詩画集の二〇部を伊達はたぶん渋谷の中村書店に売って原価をとり、衿子さんと私にそれぞれ五部ずつくれ、残り二〇部を定価で売りさばいて儲けとした。中村書店はもちろん五〇部限定なので古書として少部数ずつ二〇〇〇円とか三〇〇〇円といった価格で売るつもりで、定価より高い価格で買ってくれたのである。計算上、誰もが儲かるはずであった。

この一部を衿子さんは三好達治さんに贈ったようである。三好さんは一九五五年四月一四日付『朝日新聞』に「雑感」という文章を寄せ、『樹』にふれてくださった。次のとおりの文章であった。

「詩壇の方にも声調回復が要望され、それに対してまた心象偏重の主張のあるのは、いずれにも理由のあることにしても、ここでもまた語感のうちその音感のはなはだしく軽視されているのは、他と同様であって、心象派らしき多くの作家においても、そのこと自身大きなマイナスになっているのを、その派の諸君はお気づきになっていないかのように見うけられる。いい気のようにも見えるし、おしつけがましくも見えるのはそのせいであろう。高飛車な態度でこれを覆ってはなるまい。

語感も音感もいずれは時代とともに推移するものであろうから、——私など追々耳の遠くなった者がひとりこの感をなすのであろうか。そうも考える。またたしかに、さにあらずとも考えられる。いつぞやいただいた中村稔君の詩集「樹」（この詩集はすばらしいが——）などを見ていても、さすがに新時代の新詩境らしい言葉と声とに感服するかたわら、時として、その実に小さな細部にこだわったりなどもする。それが事実であるから記しておく」。

僅か五〇部しか刊行しない、しかも誰方にも差上げていない詩集の反響など、私はまったく期待していなかった。衿子さんのおかげで、若いときから愛読し、敬意をもってきた三好達治という高名な詩人から、こうした評をお聞きすることができた。私にとってまことに望外の喜びであった。

今日子さんから詰問に近い質問をうけたのは、たしかこの文章が発表される一、二カ月前であった。私と衿子さんとの親密な交友関係はこのときにはもう終っていた。

この詩集は元来は一九五四年の六、七月頃刊行されるはずであった。ただ、伊達は出版を急いでいなかったし、私たちも急いでいなかった。そのため、この詩画集『樹』の刊行前の一九五四年一〇月、衿子さんは谷川俊太郎さんと結婚していた。その結婚披露宴のパーティが、私の記憶違いでなければ、神田の如水会館で催された。パーティ会場はぎっしり参会者であふれんばかりであった。三好さんが声をつまらせるような調子で、彼ら二人の結婚を祝福した。三好さんにとって、これほどの喜びはない、といった風情であった。

この結婚が二年ほどで破綻したことは多くの人が知るところである。私からみれば、よく二年ももったという感じであった。

＊

その後は、衿子さんは用事があるときだけに電話してくる、といった交友関係が続いた。衿子さんの電話はいつもとりとめなかった。いつ肝心の用件に入るのか分らないまま、脇道の話に手間どった。衿子さんの電話には私はいつも辟易していた。その間、衿子さんは詩人となり、童話作家となった。

彼女の最初の詩集『忘れた秋』は一九五五年三月に書肆ユリイカから刊行されている。谷川さんと結婚していた時期だが、夫婦間の愛情表現といった作品は一篇もなかったし、私が感心した詩は一篇もなかった。一篇だけ紹介する。冒頭の作である。

忘れるのは
山へ行く道が消えて
同じ道を戻るとき

おぼえているのは
道しるべのところから雲が湧き
時計の針が秋を思出させるとき

迷うのは
その小道のまわりがうす紫の花で囲まれ
向うへと向うへと人を歩ませるとき

そしてきめるのは
口笛が二つになり　四つになり
やがて一人になつて帰つてくるとき

ここには抒情詩の素材としての言葉がちりばめられているが、何を訴えたいのか、抒情が焦点を結んでいない。
彼女の詩についていえば、一九七九（昭和五四）年青土社刊の『あかるい日の歌』は彼女の資質がよくあらわれている、すぐれた詩集だと私は考えている。たとえば「雲の端をほどいて」という四行詩がある。

雲の端をほどいて
セーターをあんであげた
セーターを着た日から
あの人は旅に出てしまった

童話風の作であり、童心、無垢な彼女の資質が理解できるのだが、こういう四行詩を読むと、衿子さんという人は寂しがりやなのだという感をつよくする。次の詩も彼女のやさしさにあふれた作だが、じつはつねに満たされぬ心の渇きを持ち続けていたことが分る。題は「うたをうたうのはわすれても」である。

うたをうたのはわすれても
ゆうぐれののべの花は目にのこります
都をでて　中仙道をバスにのって
バスをおりてから　橋をわたり
手をふった人の顔をわすれても
のべのほくろのような
えんじいろの花が　目にのこります
川の音が　とおくなり
きのうの電話の声をわすれても
のべには　のべのしずけさあふれ
花々に　花々のつぶやきあふれて
わたしは　わたしを見失います

ここには生活感がない。社会性もない。しかし、沁みとおるような透明な静けさと寂しさがある。これが岸田衿子さんの独自の詩の世界である。彼女の詩がどう評価されているか、私は知らないが、このような詩も読みつがれていくのにふさわしい作品であろうと私は信じている。

＊

この詩集が刊行されるより前、一九六〇年代の初めころ、田村さんが岸田衿子さんとつきあっているらしいよ、という話を聞いた。そう教えてくれたのは飯島耕一だったと思うのだが、確かではない。私は衿子さんが谷川俊太郎さんと離婚した後、年少の青年と同棲していると聞いていた。やがて、その青年とも別れ、別の青年と暮しているとも聞いていた。どこまで本当か分らなかったが、私は彼女が谷川さんと結婚して以後、交際が途絶えていたので確かめるすべもなかったし、確かめようとも思わなかった。やがて、田村隆一さんの次の詩が発表された。「夏の光り」という題であった。

おれは
ヨット乗りの絵描きと
上野駅の殺風景な構内で

神が到着するのを待つていた

午後六時三分の上野着で
神は千三百米の高原から
ワラビとシイタケを両手にぶらさげて
汽車からおりてくるはずだつた

おれとヨット乗りは罐詰ビールをやたらに飲み
七時十五分まで待つた
大西洋を十九日で横断したのは一瞬の出来事だつたが
神が汽車に乗りおくれた一時間は
ちよつとながすぎるぞ
とヨット乗りはぼやいた

この詩を読んで、噂に聞いたとおり、田村隆一さんが衿子さんに惚れこんでいることを知った。衿子さんはとうとう「神」に昇格したのか、と苦笑するとともに、これは田村さんの照れかくしの修辞ではないか、とも感じた。田村さんは相変らず、達者な詩人だ、とも思った。ヨット乗りは田村さんの分身にちがいない。列車に乗り遅れて一時間も待たせるのはひどいじゃないか、と苦情をいうのはヨット乗りだが、同時に、「おれ」が彼女を一時間も待っているのだから、彼女を「神」にたとえているので分身とみないと辻褄が合わない。私にとって一九六〇年代の上野駅はいかにもターミナル駅らしい、それこそ心のふるさとのような感じをもつ駅だが、都会人の田村さんにとっては殺風景にしか見えないのだろう。それも、殺風景な構内の方が「神」が降りてくるのにふさわしいかもしれない。

二〇〇〇年八月思潮社刊の『田村隆一全詩集』所収の田野倉康一編の年譜には、一九六〇年一月「はじめて谷中の自宅に岸田衿子を訪ねる」とあり、一九六一年の項には「この年から三年間を、群馬県北軽井沢の山荘ですごす」とあるから、一九六三年六月「岸田衿子と結婚」とは婚姻を届出た年月を意味し、それよりはるか以前から、事実上、夫婦関係にあったのであろう。だから、同年六月に結婚、八月に長男未知出生ということにもなるのであろう。こうした戸籍上の手続などには二人ともそろってかなり無頓着な性格だったのではないか、と私は考えている。

それ故、私が日高普とともに谷中の家に招待されたのがこの一九六三年六月の結婚の後なのか、事実上結婚していた、それ以前なのか、はっきりしないのだが、いずれにせよ、彼ら夫婦に招かれて谷中の衿子さんの家に参上したことがある。どうして招待してくれたのか理由は分らない。たぶん結婚したことを公表するため次々に友人知人たちを招いていた一連の行事の一つだったのではないか。

私はもちろん詩人としての田村隆一の業績は知っていたが、個人的な面識はなかったし、その後も二度とお会いしたことはなかった。日高が一緒だったためかもしれないが、詩や文学の話題にはならなかった。私の記憶では、田村さんが料理を運んだり、もてなしたりしてくれたが、衿子さんはもっぱら指図するだけだった。指図だけではあったが、衿子さんとしてはそれなりに気を遣っていることがありありと見受けられた。衿子さんとしては精一杯妻たるべくつとめているように感じられ、それがかえって彼女に似つかわしくなく、いたいたしいような感じをもった憶えがあった。

年譜には、一九六九年七月に「妻と協議離婚」、八月に「高田和子と結婚」とあり、その間、衿子さんと離婚し、別の女性と結婚した記述もないので、戸籍上の結婚は六九年七月まで続いたのであろうが、事実上はそれよりはるか以前に別れていたと思われる。たとえば田村隆一年譜の一九六一年に「この年、文京区谷中初音町三―三一へ転居」とあり、一九六五年の「秋、谷中初音町三―三一から西落合のアパートに転居」とあるから、私は衿子さんの谷中の家の地番を憶えていないが、この谷中初音町の住居は私が知っている衿子さんの谷中の家のはずである。そうとすれば、田村の年譜にいう谷中初音町に住んでいた時期が彼ら二人が同棲していた時期ということになるわけである。それでも、衿子さんと田村さんとの同棲が四年も続いたということになると、よく続いたという感がつよい。谷川さんとの二年間でさえ、私が感嘆していることはすでに記したとおりである。

＊

たしか一九七〇年前後、衿子さんは女子を出産なさったのではないか。私の記憶はきわめて朧ろなのだが、そのころ、衿子さんが年少のすらっと背の高い、痩せぎすの青年と一緒にわが家を訪ねておいでになったことがある。思いだしても本当とは信じられないのだが、その日の衿子さんは赤ちゃんを背におぶっていた。それに髪をふりみだし、思いつめた表情で、ろくに化粧もしていなかった。あまりに衿子さんらしくないので、そんな風情だったことを私自身若干疑っているのだが、彼女が極度に深刻、緊張した面持ちで大宮のわが家においでになったことは間違いない。

用件もはっきり憶えていないのだが、たぶんその背負っていた女子の赤ちゃんに関することであった。衿子さんがその時かかえていた問題を解決するために、私は知人の知恵も借りたように憶えている。いずれにしても、衿子さんとその青年が、背負った赤ちゃんともども、わが家を辞去したときには、問題は解決していたはずである。帰りぎわに、衿子さんはもう晴ればれとした表情であった。青年は衿子さんと同棲しているようにみえた。

まことに些細な、たった一日の出来事だったが、日頃の衿子さんにあまりにそぐわないため、私の記憶につよく刻まれているので、他愛ない一挿話だが、記しておく。

＊

その後も、二、三年に一度、長電話をいただいて辟易したような関係が続いた。

その間、今日子さんから依頼され、仲谷昇さんと離婚したいので仲介を依頼されたこともあった。私は仲谷さんを俳優として好きだったが、事務所においでいただいて今日子さんの希望をお伝えしたところ、しごくあっさり離婚を承諾した。拍子抜けした気分であった。たぶん、夫婦内はすでに険悪になっていて、到底、結婚を継続できないことが、双方に分っていたのであろう。

離婚後、今日子さんも仲谷さんも俳優としての活動をのびのび、溌剌したかたちで続けることとなった。ことに仲谷さんは桎梏から解放されたようにみえた。おそらくお二人にとって離婚が賢明な選択だったのであろう。

その後、また大きく歳月がながれた。二〇〇〇年の一月、私は吉田健一さんの長女暁子さんから、北軽井沢大学村の山荘が売れないので困っている、とお聞きした。吉田健一さんは私の最初の詩集『無言歌』を刊行したさい、真先に『展望』で採りあげてくださって以来、他界なさるまで再三、私の作品について過分な褒辞を賜った方である。ただ、お会いしたのは二回ほどで、二回ともひどく酩酊していたので、私と識別できたかどうか疑わしい。北軽井沢大学村の山荘は元来吉田健一夫人の父君の所有だったようである。そういうわけで、私は吉田健一さんとはその生前ほとんど面識はなかったが、没後、夫人から法律相談をうけるようになり、夫人の没後は暁子さんから相談をうけるようになった。これは青土社の創業者の清水康雄の斡旋による。吉田夫妻には長男健介さんと長女暁子さんのお二人のお子さんがおありであったが、健介さんはローマ大学で物理学の教鞭をとっておいでになったので、私は健介さん夫妻とは一度だけ一時帰国なさったさい、お目にかかっただけで、もっぱら暁子さんから相談をうけていた。健一夫人が亡くなったさい、私は相続税の相談にのっていたわけではないが、暁子さんの話によれば、北軽井沢大学村の山荘は売るということにして、税額を軽減してもらっていたので、所定の期限内に売れないと相当多額の税金を納めなければならず、困っているということであった。

私は亡妻がその年一月死去したばかりであった。それまで千葉県鵜原の海岸で盛夏を過すことを毎年の例としていたが、水泳が達者だった亡妻に先立たれて、鵜原で夏の日々を過すことには気が進まなくなっていた。

暁子さんがお気の毒でもあり、六月、次女と吉田さんの山荘を見にいった。一九七七年に吉田健一さんが亡くなってから、二〇余年まったく使っていなかったので、山荘は廃屋になっていた。しかし、いかにも昭和初年に建てられた山荘は質素だが趣きがあった。次女が大いに気に入ったが、私は、和室の壁に吉田さんが墨くろぐろと

雲横秦嶺家何在
雪擁藍關馬不前

と書いてあるのを目にとめた。雲は泰嶺に横たわって家何くにか在る、雪は藍關を擁して馬前ずず、と読むこの二行は名高い韓愈の「左遷されて藍關に至り姪孫の湘に示す」中の句である。その他にも厨房の壁に

空山不見人
但聞人語響
返景入深林
復照青苔上

の落書がある。吉田健一さんの書は決して名筆でも達筆でもないが、独特の味わいがあり、私はつよく惹きつけられた。

そんな経緯で、私は吉田山荘を暁子さんから譲りうけた。工務店は廃屋をとりこわし、新築した方が、費用も安いし、よほど現代的な生活に便宜だと言ったが、私は頑強に抵抗して廃屋をそのまま修理した。

一軒おいて隣が谷川俊太郎さんの山荘だが、その間の一軒の別荘は、どういうわけか、

谷川さんと離婚した佐野洋子さんの別荘になっていた。

ここまでは衿子さんとは関係ない。この山荘で夏を過すことになったので、衿子さんとの交友が復活した。たしか、二〇〇二年の夏だったが、新しい居住者として、一席講演するように言われ、南紀クラブという大学村民のクラブで詩についての私の感想をお話しした。小山弘志さんや岩波書店で野上弥生子さん担当だった一高の後輩の宇田健も来てくれた。その会場で私は衿子さんと再会した。彼女は三、四〇年前とあまり変りないようにみえた。講演の後、衿子さんは六、七名をひきつれてわが家を訪れた。佐野洋子さんもおいでになった。佐野さんを除けば、かなり若い方々ばかりであった。衿子さんが女王然とふるまっていることも、初対面のころと同じであった。

その数日後、私が衿子さんの山荘を訊ねた。山並みを望む展望のすぐれた位置に建っていた。内部に入ると、童心のまま成人となった女性の好みと思われる装飾で山荘内がびっしり埋められていた。たしかに、この山荘は衿子さん独自の個性であふれていた。それにつけて、彼女の厖大な量の童話や絵本の類を思いだした。いかにもたよりなげでありながら、彼女は旺盛な生活力をもっていた。同時に、若い画家の方が同棲していた。絵画の仕事の他に蜜蜂を飼って蜂蜜をとっているという話であった。私はかつて衿子さんの詩を読んで彼女は本質的に寂しがりやなのだと感じたことを思いだした。彼女は何歳になっても介添えしてくれる男性を必要としていた。そのように支えてくれた人が、時に谷川俊太郎さんであり、田村隆一さんであり、また、数多い、私にとっては無名の画家その他の青年たちであった。彼女の魔性が、あるいは、彼らのエネルギーをもらっていたのかもしれない。しかも、彼女はじつは孤独であった。いつも支えてくれる人間を渇望しながら生きていたように思われる。

中村助太郎

中村助太郎は私の祖父である。とはいえ、私との間に血縁はない。私の母志満は襁褓のころから助太郎・マキ夫妻の養女となった。私の父光三は志満の婿養子として中村家に入った。それ故、助太郎・マキの祖父母と私は血縁のつながりはないのだが、祖父母に対する懐しさは実父母にまさるのではないか、とさえ思われる。

私の父光三は理解力にすぐれ、努力を惜しむことなく、記憶力もよく、すばらしい能吏であった。父の抜群の能力に私は敬意を払い、窮乏に耐えて社会的な地位を獲得した忍耐と知性は尋常なものではなかったと考えている。しかし、反面、小心翼々、出世欲にとりつかれていた行状をいつも私は苦々しく見ていたし、また、私が亡妻と結婚した後、相当の年月にわたる嫁いじめに私は烈しい憤懣を怺えなければならなかった。いまとなれば、私としては父を恕し、父の美点、長所に対して懐しく思う心情の方がつよいのだが、それでも心の片隅では若干父の立身出世欲を蔑み、亡妻に対する嫁いじめについての怨恨の心情を抱き続けている。いわば父に対する私の思いはかなりに複雑であり、これだけ言葉をつらねてきても、充分に表現できたとは思われない。父に対する敬意も愛情も嫌悪や憎悪も私が全身で受けとめていた父との関係のためにちがいない。

祖父は欠点も多い人であったが、どちらかといえば、祖父の側から一方的に私に愛情を注いでくれた懐しさが先に立ち、私の側から祖父に対する憎悪感や嫌悪感を覚えた記憶がない。そのため、私は祖父の行為によって傷ついたこともない。欠点はあっても愛すべき人物であったという思いがつよい。それが祖父について一文を草しておこうと思い立った所以である。

*

中村という家は元来与野の出自である。与野本町の円乗院が菩提寺である。祖父母、父母らが埋葬されているので、私は無信仰であるが、春秋の彼岸には墓参しているし、夏の盆の送り迎えは私の兄の長男である甥のつとめになっているが、送りか迎えかに同行することも多い。墓地には三、四の墓石が立っており、その一つがもっとも古い。きれいに洗わないと摩耗の烈しい文字は読みにくいのだが、一度、墓石に刻まれた人々の没年を読み解いたことがある。正確な年月は憶えていないが、いまからほぼ三〇〇年ほど以前であった。与野にはもっと富裕で旧い家柄の家もあるが、かなりの旧家の一といってよい。家は代々酒造を業としていた。祖父はそうした旧家の長男として生れた。徳太郎という弟との二人兄弟である。

祖父は一八六二(文久二)年生れである。一五、六歳のころ、三島中洲の開いた漢学塾に遊学した。この塾は現在の二松学舎の前身といわれている。慶應義塾を開いていた福沢諭吉にも学んだことがあるらしい、と妹は亡母から聞いているが、これは真偽が疑わしい。東京には祖父の父、つまり私からみれば曾祖父が妾をかこっていたので、始終、その妾の家に遊びに行っていたと聞いたことがある。与野と東京の都心との間は三〇キロに足りないが、往復にはいわゆる川越舟運を利用したという。夜出発して翌朝着く夜舟もあったようである。新河岸川は荒川とほぼ平行して東京湾に向かって流れ、岩淵水門のあたりで荒川と合流、隅田川となって日本橋などに至る。曾祖父が妾を東京にかこっていたのは醸造した酒の得意先との取引のため始終上京する必要があったからであろう。あるいは上京の口実として取引先との交際と称していたのかもしれない。祖父は女癖が悪かったが、これは曾祖父譲りかもしれない。同じ三島塾の塾生の先輩に連れられ、吉原に遊んだのもこの当時である。私の父は書家にならないかと勧められたほど、書が上手で品格の高い字を書いた。祖父は父ほどではなかったが、かなり達筆であった。三島中洲の漢学塾に通ったのは明治一〇年代、祖父が一五、六歳から二〇歳になるまでの間の三年間ほどだったようである。一応身につけるほどには勉学に励んだらしい。同年齢、同世代の人々の間では祖父はずばぬけて高い教養をもっていた。なお、祖父の弟、私にとっては大叔父にあたる徳太郎さんは東京遊学などしていない。長男だけが特別に処遇された時代であった。

ところで、この三島中洲の漢学塾へ遊学する前後、祖父は手伝いの若い女性に手をつけて（手をつける、とは可笑しな言葉だが）、男子を生ませた。両親は始末に困って、その子を貧しい農家に養子にした。若干の養育費は与えたらしいが、いわば中村家の嫡男は不幸な星の下に生れ、近在の農民の子として育てられた。

祖父がいつごろ曾祖父の後継者として家業の采配をするようになったのか、調べたことはないが、円乗院の墓碑により曾祖父の没年を調べれば判明するはずである。むしろ、祖父が家業をいつ倒産させたか、に興味をもっている。しかし、これも私は調べたことがない。私の関心は祖父が家業を倒産させたという事実にあって、それがいつ、祖父が何歳のときであったか、には向いていないからである。あるとき、祖母に、「おじいさんが造り酒屋を廃業することになったのは、女遊びのせいなの」と訊ねたことがある。すると祖母は

「莫迦だねえ、おまえは。女遊びで家が潰れるなどということはないんだよ、支払いが滞ったり、遅れたりすると、金廻りがよくない、商売がうまくいっていないらしい、と芸妓も待合も料理屋も、すぐに気づくのだよ、そうなると、自ら、女の方からそのお客を遠ざけて相手にしなくなる、家を潰す早道は何といっても相場だね」

と教えてくれた。祖父は女遊びが好きだっただけでなく、相場、ことに米相場が好きだったし、賭博が好きであった。

つけ加えておけば、祖父は同世代の人々の中では比較的長身で、顔立も良く、鼻下に髭をたくわえ、目立って恰幅が良かった。ただ、女性にもてるには容貌にすぐれ、恰幅が良いだけでは足りない。相手の女性に対するこまやかな気配り、心遣いが不可欠のようである。私の知人では安東次男が天性そういう気配り、心遣いをもっていた。安東のばあい、男性に対してはまるでそうした気配り、心遣いがなく、もっぱら威張るのが好きだった。

私はこれを安東の子供っぽい、愛嬌と思っていたから、まったく気にしなかったが、まともに受けとった友人たちはしだいに安東から遠ざかっていったのであった。

さて、倒産した祖父は家屋敷を売り払い、酒造業を廃業し、大宮に出た。そのさい、母親、私からみれば曾祖母の面倒を弟の徳太郎さんに託した。徳太郎大叔父は篤実な方で、曾祖母に孝養をつくし、その最期をみとった。曾祖母は多少の資産を遺したそうである。祖父はその全部を一人占めにした。徳太郎大叔父は

「にいさん、それはあんまりじゃないですか」

と苦情を言った。祖父は縁の下の蜘蛛の巣まで総領のもの、遺産はすべて総領息子の自分が相続すべきものと信じていたので、この言葉はずいぶん意外だったらしい。ただ、さすがに最期まで母親の面倒をみてもらった肩身の狭さから、若干を大叔父にお分けしたと聞いている。しかし、まったく分けてあげなかったそうだ、と聞いたこともあり、真相ははっきりしない。

曾祖母と徳太郎大叔父一家が暮らしていた家は、かつての中村家の家屋敷にごく近い場所だったようである。「他人(ひと)手に渡った土蔵を毎日眺めながら暮らすのは、辛いもんだねえ」と曾祖母は日々愚痴を言っていたという。徳太郎大叔父はそんな愚痴にも耐えて最期

まで面倒をみたのであった。

祖父はそんな身勝手な人であり、徳太郎大叔父はまるで正反対の性格であったが、兄弟仲は良かった。これも大叔父の側が祖父の我侭を許容していたからであろう。しかも、大叔父はかなりに不幸であった。たとえば大叔父の長男は洋服の仕立を業としていたが、結婚して一子を設けて間もなく、徴兵され、アジア太平洋戦争中、一九四三年五月、アリューシャン列島のはてのアッツ島で日本陸軍が全員玉砕したことがあったが、その玉砕した兵士の一人として戦死した。大叔父の墓所も与野本町の円乗院であるが、大叔父の墓碑の隣に「北洋院」云々と記した木の墓標が立っていた。一〇年か一五年ほど前、立派な石の墓石に北洋院云々と刻まれることとなった。私は面識がないけれども、福太郎さんといった大叔父の長男の遺児が成長、立派な墓石を建てたのであった。その他の大叔父の子女の方々とは私の母も私自身もずっと親戚としてかなり親しいつきあいを続けている。

*

大宮へ出てきた祖父は日本鉄道株式会社に勤めた。これが何年のことかははっきりしない。日本鉄道株式会社は一八八一（明治一四）年に設立された民間会社である。この会社が高崎線、宇都宮線などを敷設した。大宮駅は両線の分岐駅となり、その結果、大宮はまさに発展途上にあった。日本鉄道株式会社は一九〇六（明治三九）年に国有化され、当初は逓信省に附属し、翌〇七（明治四〇）年に帝国鉄道庁が設けられ、これが後の国鉄となった。

まだ学制が整備されない時代であったから一九世紀末の日本鉄道株式会社では祖父程度の教養のある人材も乏しかったにちがいない。祖父はかなり重用された後、国有化されたのを機会に退職したようである。国有化という格別の機会だったから、退職金の額も格別にふるまわれたらしい。こうして祖父はある程度のまとまった金額を手にした。この間、祖父は祖母マキと結婚している。マキは一八七八（明治一一）年生れだから、一六歳年少である。千葉県茂原在の農家の生れで、条野採菊に女中奉公した。条野採菊は一八三二年生れ、一九〇二年没、幕末から明治初期の劇作家であり、戯作者であり、東京日日新聞の創設者であり、派手な存在であった。仮名垣魯文等多くの交友をもっていたし、鏑木清方の父としても名を残している。宴会を開くときには八百膳の料理人が出張して料理を整えたそうである。そういう縁で祖母は八百膳の料理人から料理の基本から手ほどきをうけた。料理だけでなく、女一通りの身だしなみをこの条野採菊家で教えこまれたようである。

つまり、料理をさせれば、だしのとり方からはじまって、すべて本格的でなければならなかったし、魚を捌くのも三枚におろすのも、はては鰻の蒲焼を焼き、たれを作るのも、いわば万能であった。また、座敷を掃除すれば、母が掃除した後、祖母があらためて掃除すると、ちりとりにあふれるほどのごみが出てきたという。掃除も上手だったし家事のすべてについて格別の能力をもっていた。ただし、能力があることと、する、しないとは別のことであり、それについては後に述べる。

その後、祖母は親戚の経営するすっぽん料理屋で手伝いをしていた。祖母は一五〇センチあるかどうか、というほどに小柄で花車(きゃしゃ)であったが、眉目かたちがすぐれ、喋ればよく、どこか垢ぬけていた。

祖父と祖母がいつ結婚したか、調べれば分ることだが、調べたことがない。いずれにしても祖父の一目惚れであった。あまりに年齢差があるので、祖父は本当の年齢より若く言って、祖母を口説いたという。祖父はすでに記したとおり恰幅もよく、女性に心配り、気遣いのよくはたらく人だから、祖母も満更でなく、祖父の結婚申入を喜んで受け入れたらしい。

日本鉄道からの退職金を元手に祖父が始めたのが小金貸しである。まことに零細な金貨しであった。たとえば、九〇銭貸し、借主は一銭ずつ一〇〇日間かけて、約一円返す、といった約定の金銭消費賃借である。一〇〇日貸して一割の利益を得る計算になる。日銭の入る商店で急に仕入のため五円、一〇円の資金が必要になることがある。祖父の金貸業の借主はそういう資金を必要とした方々であった。当初は毎日祖父が取立に出向いたようだが、後年は借主が返済にわが家に来るようになった。こうした零細な小金貸しから次第に金貸しらしい相当の金額を貸すようになった。私の成長期にも、中村といえば大宮では金貸しとして知られていたようであり、私自身、祖父に言いつけられて取立に行き、駄賃をもらった憶えがある。

こうして祖父は蓄財に励む一方、家屋土地の売買も手がけ、家屋を貸して賃料を得るという手堅い商売を手がけるようになった。

しかし、相場好きという性格は変らなかった。博奕打の出入も絶えなかったようである。それでも、この時期にはある程度節度をもった投機であり賭博であって、資産を危くするほどの危険は冒すことはなくなっていたらしい。

この間、一九〇五（明治三八）年生れの私の母志満を養女に迎えている。私の母は浦賀奉行所の与力鈴木なにがしの娘として生れ、維新後鈴木なにがしは三宅島かどこかの島で島起しの事業を始めて失敗し、長男を日本橋の呉服問屋の丁稚奉公に出し、娘を助太郎、マキの養女にした、という。志満はこの島起しの事業にちなんだ名だそうである。私が読んだ各種書物の中に浦賀奉行所に鈴木という姓の与力はいない。もっと下級の武士だったのではないか、と思われる。

じつは母の素性に私は関心をもっていない。母も自分を捨てて気やすく他家の養女にした実父母に恨みはもっていても、何の関心ももっていなかった。母にとって助太郎、マキの養父母の方がよほど大事でもあり、身内と考えられる存在であった。私の関心は、母の養子縁組と祖母の病気との関係である。

私の物心ついたころから祖母は病人という扱いをうけていた。その理由として祖母が若いころ胃癌を患い、東大病院で手術をうけ、奇蹟的に生きのびることができたのだ、と聞かされていた。胃癌と称していたが、かりにそう診断されていたとしても、重篤な胃潰瘍だったのではないか、と私は疑っている。私はそのため子を生むことのできない体となったので、母を養女に迎えた、と理解していた。ただ、母は襁褓のときから祖父母に育てられた、とも理解している。ところが生年月日からみると、母が生れたのは祖母が二七歳のときである。祖母の病気と手術は祖母が三〇歳代のはずである。祖母は生涯妊娠、出産したことがなかったので、何となく、手術して出産できない体となったので母を養女にしたと思いこんでいたのだが、「胃癌」の手術は出産の能力とは関係ないはずだから、やはり早くからか弱く、か細かったので、母を養女に迎えることにしたのであろう。祖母はそういう体質だったが、本来は働き者だったのだろう。私は祖母が長火鉢の前に正座して煎茶を焙じていた姿を思いだす。その香ばしさが私にはえもいえず好ましかった。だから、ふだんは家事はまったくしなかったが、気が向くと、料理をすることもあり、そういうときは生き生きとして、段取りよく始末するのがつねであった。しかし、祖母は病人と扱われていたので、ふだん料理などはしなかった。そのため母は女学校時代、弁当は自分で作って通学したという。祖母は働きたくても、医師から過激な労働を禁じられていたのかもしれない。茂原の在の秋葉芳蔵さんという方がおいでになった。芳蔵さんはたしか祖母の甥だったはずだが、たいへんな篤農家でタバコ栽培の達人であった。戦後、専売公社に依頼されてタバコの栽培の指導に全国を歩き回っていた。そのころ千葉に住んでいた兄は芳蔵さんに食料をずいぶんと恵んでもらったらしい。彼はタバコを栽培していたが、もちろん米作等の農業にも携わっていた。彼の子息の方々もみな気質の良い働き者だから、そういう家系だったようである。

＊

祖父の女好きと賭博好きは中年になっても変らなかった。母の女学校時代まで始終博奕打の親分が出入りしていた。来るたびに、これはお嬢さんに、といって母の喜びそうな土産を持参したという。賭博のために祖父が警察に拘留されたこともしばしばだったらしい。その最後には、あやうく起訴されそうになって、花井卓蔵弁護士に依頼して、何とか起訴を免れた、と聞いている。まさか花井先生ともあろう方が、大宮の田舎の警察まで出向いて祖父を弁護してくださったとは信じがたいのだが、これは私が祖父からじかに聞いた話である。というのは、この時に祖父は賭博と縁を切ったので、祖父の生涯の区切りとなった事件だったからだ、と聞かされた。この当時、父が婿入りすることがきまっていた。もし起訴され、有罪となったら、父と母との縁談も養子縁組も破談になったろうし、その後も賭博罪に問われることになったら、父は離縁して出ていくにちがいない、と考えたらしい。祖父はそういう計算に長けた人であった。

母が当時創立されて何年かしか経っていない浦和女学校に進学することになったのも、祖父の同じような計算高い計画によるものであった。当時の女子の教育は高等小学校どまりが普通であった。女学校を修了していなければいい婿をみつけることはできまい、と祖父は考え、母は浦和女学校に通学した。そのころは埼玉県下に浦和女学校以外に一、二の女学校があるかないか、といった状態だったから、相当数の同級生は浦和に下宿して通学していたという。

後年、母が父と結婚した後、判決の下書か何かを読まされ、一応読むと、父からよく字を知っている、と褒められたという。浦和女学校は現在の県立浦和一女だが、当時は四年制であり、卒業後すぐ父と結婚した母は一六、七歳だったはずである。すでに記したとおり、母は一九〇五（明治三八）年生れであり、兄は一九二二（大正一一）年に生れている。

そのころは、祖父は資産もでき、金貸業も貸家業も安定し、氷川神社の氏子総代の一人にも選ばれ、生活は安定していた。

一時は、祖父も祖母も義太夫にずいぶんうちこんだらしい。夏目漱石などの時代から比べ、大宮では流行にも一時代ずれがあるようである。義太夫でも祖父は調子を外すことが多かったのに反し、祖母は美声で節回しもたくみであり、聴衆を魅了したという。祖父がうたっているときは、ひっこめ、といった野次、いまでいうブーイングがしきりに飛んだが、祖母のばあいは、みすを上げろ、という喚声が高かったという。女義太夫はみすの奥でうたうのがつねだったそうである。私が旧制一高に入学し、浄瑠璃にうちこんでいたころ、祖母をけしかけて、義太夫のさわりをうたってもらったことがあった。「今ごろは半七つあん、どこにどうしてござろうやら」といった酒屋の段のさわりを祖母がうたうのに聞き惚れた記憶が鮮かである。祖母はまことに器用な人であった。

＊

私が小学校の一、二年生のころ、大宮駅の近くの今でいえば喫茶店に相当するような店で、祖父が女学生の年配の年若い女性にかき氷か何かをご馳走しているのを見かけた。私は祖父の女好きという評判を聞いていたから、すぐ帰宅して母に報告した。母はこともなげに、「それは、おじいさんの孫だよ、心配することはない」と言った。すでに記したとおり、祖父は一五、六歳のころ、手伝いの女性に手をつけて、男子を生ませた。その子は農家に養子にやられた。ところが、その養父母が次々に他界し、面倒をみる人がいなくなったので、戻されてしまった、という。母の女学校時代らしい。そのため、母は、祖父の実子である兄と一緒に生活することになった。ところが、祖父母は、この子が気に入らなかった。貧しい農家に育てられたために、言葉使いも、行儀作法も知らないように祖父は感じたようである。教育もまともにうけていなかったのかもしれない。これはその子、私からみれば義理の伯父にあたる人、の罪でも責任でもない。もっぱら祖父の責任である。一方、祖父母としては母は利発だったし、娘さかりになりかけのころで可愛かったらしい。多年手塩にかけて育てあげた母への情愛がよほどまさっていたのであろう。子の側からみて、生みの親より育ての親という言葉があるが、親からみて、生みの子よりも育ての子という心情であったのであろう。結局、その子は分家させられて家から出されてしまった。むごい話である。

ただ、その男性、私からいえば義理の伯父は立派に成人し、きちんとした市民生活を送っていたが、何かの事故で死去したそうである。そのときは、さすがの祖父も、「ああ、何ということだ」と涙を流し、咽び泣いてしばらく止まらなかったと聞いている。

祖父がかき氷か何かをご馳走していたのはその方の娘であり、母はいくらか交際があったようである。その一家はわが家からそう遠くない場所に住んでいたので、小児科医を開業した兄の患者となり、兄夫婦は親しくつきあっていたようだが、私自身は面識がない。

そのころ、祖父の趣味といえば、普請と将棋であった。貸家を作る現場に連れていかれ、いろいろ説明されたことも再三であった。これは貸家だから材料は米松でいいんだ、といった類のことであった。それだけに祖父母自身のために建てた隠居所は贅沢でこった建物であった。いまは妹が住んでいるが、天井も床の間も違い棚から欄間に至るまですべてに上質の材料が使われ、高度の細工が施されており、たぶんすでに一〇〇年は越えていると思うが、つゆほどの狂いも歪みもない。

将棋は素人初段といわれ、関根名人に対局していただいたことがあるという。隠居所の廊下で、一時、集英社の社長をしていた小島民雄さんの祖父にあたる小島佐之次郎さんと祖父とが、二人ともにきちんと正座して対局していた姿を思いだす。小島家は大宮では知られた名家、大地主であり、佐之次郎さんという方も気品高く、威儀正しかった。たぶん祖父とは実力がほぼ互角だったのだろう。無駄口や冗談ということもなく、静かに二人で対局している姿を思いだすと、私はたまらなく懐しい。

じっさい、祖父は将棋が強かった。教えてやるといわれ、将棋盤の前に坐ると、祖父は飛車角落としで、今度は雪隠詰めにしてやるというと、私の王将は手もなく隅に追いこまれ、忽ち詰まされた。以後、私は将棋が嫌いになった。

祖父の女好きについていえば、祖父が七〇歳を過ぎてからの事件だから、私も知っていてよいはずの時期だったが、妾をかこっていることが発覚した。妾は大宮の南のはずれ、吉敷あたりに住んでいたらしい。祖母が激怒し、父母もとりなし、相応の手切金を支払って、妾と縁を切らせることにした。

その事件と同じことか別のことか、私の記憶ははっきりしないのだが、女性問題で祖母が、祖父に対し、いっそ殺してやる、と出刃包丁をふりまわして、祖父を追いまわしたことがある。祖父は自分にやましいところがあるから、ひたすら逃げ回るばかりであった。その挙句、一週間ほど、祖父が父母や私たちが住む母家で暮らしていたことがある。

おじいさんは一人では温泉場へもやれない、と祖母や母がこぼしていた。そのころは、戦前、平和な時代であった。祖父母は年間、四、五カ月を温泉場で過すのをならわしにしていた。温泉場といっても群馬県や栃木県の四万温泉、藪塚温泉、あるいは伊豆の奥のあまり知られていない温泉であり、また長野県の澁、安代温泉とか、かなり辺鄙な温泉が好みであった。その温泉でも一流の旅館に泊ることはなかった。たとえば、澁温泉には金具屋という一流旅館があるが、そういう旅館でなく安代温泉のますやという二流の旅館に泊るのが毎年の夏のつねであった。それに寝布団はチッキと称した鉄道小荷物で自宅で使用していたものを送り、使用した。祖父は一年分の宿泊費に相当する金額を帳場に預け、信用を得ていた。ますやは内湯旅館と称していた。おそらく明治、大正期までは温泉場では大湯と称する公衆浴場を利用するのが普通であって、各旅館が内湯と称して温泉を旅館内には引きこんでいなかったのであろう。その結果、昭和初期から内湯旅館が通常となり、そのため温泉の源泉が不足することとなり、温泉と称しながら沸かし湯を供する、という弊害を生じることになって、一〇年ほど前話題になった。私の定宿としている那須温泉のホテルでも、本当の温泉は露天風呂だけで、大風呂は沸かし湯である。

ますや旅館で祖父母が泊っていた部屋は大宮の隠居所に比べればよほど安普請だったし、狭苦しかった。料理は宿が朝、夕を供し、昼は出前を取寄せるのだが、格別美味しいという類のものではなかった。たしかに夏の安代温泉は志賀高原の麓だから、暑さが大宮よりしのぎやすかったであろうが、夏の二ヵ月ほど以外、春、秋にも一月ほどずつ温泉場泊りを続けていたのはどうしてか。隠居として母夫婦に世帯の切りもりを任した以後、息ぬきが必要だったのかもしれない。

＊

老人は早起きといわれるが、私の祖父母は決して早起きではなかった。朝寝であった。私が小学校に通うのに隠居所の脇をぬけていくのだが、その時刻に雨戸が開いていることは決してなかった。

祖父は私を可愛がってくれた。兄はもちろん初孫だから可愛かったにちがいないが、両親から充分可愛がられているのに、弟の私は何かにつけて差別されるのを可哀想に思ってくれたらしい。

忘れがたい思い出は自転車である。兄が自転車を買ってもらった。得意になって乗りまわしていた。私はその自転車の後から駆け足でついていった。そういう光景を目にした祖父が私にも自転車を買ってくれた。父としては、私が兄の年齢に達したとき、私にも自転車を買ってやるつもりだったにちがいない。父は心外だったかもしれないが、祖父の私に対する心遣いが私は無性にうれしかった。

貸家の普請場にしばしば連れていかれたこと、借金の取立を言いつけられ、取立に行って駄賃をもらったことはすでに記した。

夏は安代温泉によんでくれた。よばれたのは兄と私の二人であった。私には五歳年少の弟がいるが弟が招かれたことはない。当時、弟はまだ幼すぎたのである。そのころ、父は夏の休暇の二〇日間、千葉県大貫の海岸の漁師の家を借りて、母や私たち一家で過すことを例としていた。それ故、私は兄と共に、夏休の前半父母と共に大貫海岸で過し、後半は安代温泉の祖父母の許で過した。いわば上流ないし中流上層の階級の人々が軽井沢や鎌倉ないし湘南に別荘を持ったり、借りたりして過すのに対し、中流下層に属するわが家はそれなりに贅沢な夏を過していた。一九三七年、日中戦争がおこり、そうした夏の過し方も許されない時期が近づいていた。

安代温泉では、祖父母が特に私たちの面倒をみてくれるわけではなかった。私は川岸を歩いて赤トンボの群れとぶのを見たり、見はるかす山並に陽が翳るのを眺めたり、向かいの旅館に泊っている少女を思いだしたり、少年期にありがちなさまざまな夢想に耽っていた。

時に祖父が六つほどある公衆浴場を順に案内してくれることもあったし、上林温泉のプールで遊んだ後、一〇分ほど細い山道を歩いて地獄谷温泉に行き、串団子をたべたりした。そのころは、地獄谷温泉でサルが湯浴みすることはなかった。

＊

一九四五年春、父が青森地方裁判所に所長として転勤になった。すでに三月一〇日の東京大空襲があり、四月、五月、続けて東京の大半は焼失していた。大宮も空襲によって焼失するのは間近いと思われた。青森は大宮に比べ、よほど安全と思われた。一家をあげて青森に移転することにした。結果的にいえば、大宮の自宅は空襲を免れて残り、青森は父の官舎をふくめ、空襲で全市街地が焼失した。家財もあらかた青森に送っていたので、官舎とともに焼失した。

その前年のことだったと思うが、祖父が、私に、お前のために買っておいた家屋敷がずいぶん値上がりしたので、売って国債にしておくことにした、と言って、私に国債をくれたことがあった。兄は総領として中村家の全資産を相続するのだから心配ないが、私には何の資産も分与されないだろうから、せめて家の一軒くらいは私のために残してやりたいという祖父の思いやりであった。これは私に対してだけ向けられた思いやりであり、弟も妹もこうした思いやりはいささかもうけていない。戦前、戦後の物価変動のため、国債の金額ははっきり記憶していないのだが、たしか五〇〇円のはずである。当時、私は一〇〇円札というものを見たことがなかったので、国債の額面金額に驚いたように憶えている。

私たち一家は一九四五年八月一六日に上野駅から乗車、兄と私が青森に直行、その他は尻内駅前で一泊、翌日、青森に到着した。裁判所の方々が努力してくださったが、青森に住居は見つからなかった。結局九月に入って弘前に仮寓することとなった。独立家屋とはいえ、三部屋しかない住居に父母、祖父母、兄、私、弟、妹の八人が住むことになった。狭苦しい上に、大宮の家とは比較にならない粗末な建物であった。その年は天候不順であった。裁判官の給与では、弘前に住みながら、林檎一個も入手できなかった。食料が不足していたことはいうまでもない。これが当時の平均的日本人の水準であった。やがて冬となり、毎日、雪がふった。毎朝、祖父が暗い空を見上げて、累々とふる雪を見ては

「今日も雪だ」

と溜息まじりに呟くのを聞くと、たまらなく気の毒であった。考えてみると、当時祖父は八四歳であった。

ある日、銭湯から帰ってきて、

「いい湯だった、わし一人だったのに、途中からじいさんが一人入ってきたのが邪魔だったが」

と言った。大宮では銭湯に行ったことはなかった祖父だが、温泉場馴れしているので、銭湯を苦にしてけいなかった。やがて父が戻ってきた。

「おじいさんと一緒だったが、気がつかなかったようだ」

という。父が何故祖父に声をかけなかったのか分らない。たぶん遠慮したのだろう。この

ことを私は弘前における生活の一挿話として記憶しているのだが、実際はすでに祖父は老耄していたのかもしれない。

翌一九四六年五月、父が水戸地裁の所長に転任になった。当初は郊外の借上げ官舎に、やがて新築の官舎に移転した。借上げ官舎は弘前の借家とは比較にならないほど堅牢でひろびろしていたし、新築の官舎は戦後の安普請だったが、祖父母のために八畳間一室を充てるほどの広さがあった。それに水戸へ移ってからは食料事情もずいぶん改善されたし、気候も温和になった。しかし、祖父は急激に衰えた。五月一八日、老衰のため他界した。八六歳であった。

*

弘前に祖父が住んでいた時期、私は旧制一高に在学中だったが、食糧難のため休校になっていた時期が長く、ほとんど弘前で過していた。しかし、このころから祖父と話すことはほとんどなくなっていた。祖父は生き甲斐を失くしていたようにみえる。水戸に移ってからも生きる気力を持つことができないようにみえた。

祖父が亡くなった後、二枚の敷布団の間に祖父が書いた遺書が見つかった。これには

「いろいろおせわになりました
中村家の繁栄を草葉の陰からお祈りします」

と書かれていた。

祖父の葬儀は、盛大であった。父の役職のため、茨城県の主な企業がすべて生花や花輪などを手向けてくれたのであった。義理の弔問客が長い列を作った。これだけは派手好みの祖父にふさわしい、と私は感じた。

やがて、祖父から貰った国債が満期になった。私は司法修習生になったばかりであった。五〇〇円で鞄一個しか買えなかった。祖父の私に注いでくれた愛情と厚意が鞄一個にしかならなかったことについて、いかに戦後のインフレーションのためとはいえ、何故か、私は祖父に申し訳なく、相済まないように感じた。

清水康雄

本年は故清水康雄こと清水康が青土社を創業し第二次『ユリイカ』を創刊してから五〇年になる。そこで、今回は清水康雄を偲ぶ一文を書くことにしたいと思う。

先日、ある会合の席で清水一人さんと一緒になり、つくづくとその横顔を見つめていて、一人さんが非常に容貌がととのっていること、一人さんが暁星中学に在学中はじめてお会いしたとき驚くべき美少年だったことを思いだし、当時の俤がいまだに残っていることに気づいた。同時に、そのととのった容貌は『詩』と題した清水康雄の詩集の口絵に使われている清水康雄の横顔の写真の美少年ぶりをたしかにうけついでいた。だが、いうまでもないことだが、清水康雄の写真の横顔には彼の若々しい衒気もみられるし、社会に一人立ち向かうかのような野望が仄かに潜んでいるかにみえる。

実際は、そのころの清水康雄に私は会っていたかもしれないのだが、憶えてはいない。河出書房に勤めていた時期に、何遍か私の事務所を訪ねておいでになって以後の清水しか私は記憶していない。清水康雄は河出書房に編集者として勤めていたのではなく、常務取締役か、何か、そういった肩書の経営者として私の前に出現したのであった。そのときは出版業というものの哲学的考察のようなことをしきりに私に説明してくれた。その後、青土社を創業しようと企画していた時期には沈鬱な哲人風の風貌であった。詩集の写真にみられるような美少年とはまったく別人であった。そういえば、ふだんお会いしている清水一人さんにも美少年らしさはまったく認められない。清水康雄没後の青土社の経営者として体験してきた人生の辛酸がその容貌から窺われるように思われる。一人さんには清水康雄のもっていた哲人的思弁性がその面立ちには認められないけれども、細心で、こまやかな気遣いが感じられる。この親子は二人とも酒が好きだけれども、清水康雄にはどこか不健康な感じがあったが、一人さんはランニングやサーフィンで鍛錬しているためか、体躯、筋肉がひきしまっていて、およそ不健康な感じとは無縁である。

気遣いといえば、一人さんはいつもずいぶん気遣いがこまやかだが、清水康雄は一面でこまやかに気を遣う反面、まるで他人の思惑を気にしない面があった。私に限らず、多くの清水康雄の知己が同じ経験をしているはずだが、清水康雄に二、三回すしやに誘われたことがある。いつもさまざまな肴の刺身を眼の前のカウンターに並べさせて、酒の盃を傾ける。眼の前の刺身には一口も手を出さない。ただ、ひたすら酒の盃を傾け続けるばかりである。馴染のすしやならともかく、ふいと入ったすしやでは板前が露骨に厭な顔をするのだが、清水康雄はまったく気にしない。気の弱い私はせめて一口でもつまんでもらいたいと思うのだが、清水は気を遣うそぶりも見せない。充分に酩酊すると、ひどく丁寧な口調で、恐れ入りますが、お刺身は持って帰りますので、包んでいただけませんか、と頼む。家に帰ってからたべる刺身の味は、すしやが眼の前でさばいてくれた刺身の味とはまるで違うはずである。だが、まったくといってもよいほど酒を嗜まない私には清水康雄の心境は理解できない。ただ、一度訊ねて聞き質したところでは、たしかに酒を飲んでいるときには肴は口にしたくはない。とはいっても、眼の前に酒の肴が並んでいないと盃を口にする気になれない、ということであった。

清水康雄が気を遣うか、どうか、ということに関連して、もっと深刻な事態を私は聞いている。清水が食道癌で入院したのは一九九〇（平成二）年のはずである。そのことは私が「霏々とふりつむ雪のように」という詩集『浮泛漂蕩』に収めた詩に「一九九〇年二月」とあることから間違いないのだが、「スギの下かげ」という清水の墓碑を越生の山ふかい龍穏寺に詣でたときのことを記した随筆に記したことだが、墓域の一画に中村元教授の書による「倶會一處」とある墓石の脇に墓碑があり

浄心如月大姉　平成十年八月二十三日　久子　八十七歳
高徳院孤雲寂康居士　平成十一年二月二十一日　康　六十七歳

と記されている。清水の手術が成功して、一旦恢復したものの、再度入院したのは平成一〇（一九九八）年の秋であった。病院は川越の郊外だったので、私の住む大宮から三〇分ほどのドライブで見舞うことができる距離だったが、私は何かと用事にかまけて、ついに見舞いに行かないいまま、清水は他界した。この再入院は、平成一〇年秋と記したことがあるが、じつは春だったのではないか。そうでないと、私が一人さんから聞いている話と平仄（ひょうそく）が合わない。

私が一人さんから聞いているところでは、清水の他、清水の母堂と清水夫人の深生子さんも末期の肝臓癌で、三人がそれぞれ違う病院に入院していたので、一人さんは若い奥さ

んの薫さんともども、毎日、三つの病院を駆け廻って見舞っていた。その都度、患者は、他の二人の病状を気遣って、自分のことはまったく考えていないようであった、という。毎日、三人の病人、それも重篤な患者を見舞うのはずいぶん気が重かったにちがいないが、患者が自分のことより他の病人の病状を気にかけていた、と聞いて私はわが心の底にふかく沁み入るような感動を覚えた。三人の間の気遣いの重みに私はうたれたのであった。清水康雄は気遣いのこまやかな人物であった。すしやでの振舞はおそらく酒の方が刺身より大事だったにすぎなかったのだろう。

そういえば、清水が清水深生子夫人と結婚した経緯について私が承知していることは本当だろうか。清水康雄はあるとき清水深生子さんの詩を読んで感動した。すぐ、結婚を申込み、結婚することとなった。それまで顔を合わせたこともなく、経歴も出自も何も知らなかった。結婚してはじめて自分よりも深生子さんの方が一〇歳近く年長であったことを知ったのだという。

清水深生子さんの詩集は小田久郎が「現代詩文庫」に収めたいと言ったことがあるが、本人が承知しなかったという。『歴程』を読むと、彼女は戦後早くから『歴程』の同人であり、会合にも頻繁に出席している。草野心平さんとずいぶん親しかったのではないか。

私は詩集は読んだことはないが、一篇だけ詩を読んだことがある。言葉に対する感覚が繊細で、隅々まで一語の揺るぎもない、格調高く、抒情性の高い作品であった。草野さんが目をつけても当然と感じ、その後、詩筆を折ったことを惜しく思っている。

深生子さんは清水から結婚を申込まれたとき軽井沢で結核の療養中であった。もう長く生きることはありえないのだから、切角申込んでくれた男性が存在するのなら、死ぬ前に結婚しても良いのではないか、と考え、その結果、清水との結婚を承諾したのだそうである。

会ったこともなく、容貌も出自も健康状態も、何も知ることなく、ただ詩を読んだだけで、この女性こそ自分の伴侶たるにふさわしいと信じ、結婚を申込んだ清水康雄はずいぶんと直情径行にみえる。しかし、この当時の清水はその詩集に自分の写真を口絵に使って、その美少年ぶりを誇示したような青年ではなかった。作品を読んで、作者の資質を洞察し、自分の求める伴侶はこういう資質の女性でなければならない、と考えたのであろう。そういう清水の他人の資質を洞察する見識が、青土社を個性のある出版社にした理由であった、と私は考えている。

＊

一九六九年、清水康雄が第二次『ユリイカ』を創刊したとき、連載評論を掲載したいと考え、その執筆者に吉田健一さんを選んだ。吉田健一に「ヨオロッパの世紀末」という主題で執筆してもらうよう薦めたのは大岡信である、と大岡は証言しているが、「ヨオロッパの世紀末」という主題であれば、筆者が何を書くか、誰を採り上げるか等、筆者の自由である。清水康雄の考えは、むしろ、吉田健一に何でも書きたいことを書いてもらう、ということであったにちがいない、と私は考える。つまり、清水にとって吉田健一に連載を執筆してもらうことが重要なのであって、吉田健一が書きさえすれば、必ずすぐれたものになるだろうと清水は確信していた。「ヨオロッパの世紀末」は実際目覚ましい評論であった。これが単行本となって「野間文芸賞」を受賞したが、そうした賞を受けるかどうかとは関係なく、これは吉田健一の文学的生活にとって画期的な作品であった。私は吉田健一の全作品を展望し、「ヨオロッパの世紀末」を境として、その前とその後とに分れる、と考える。たしかに吉田健一はそれ以前にも多くの評論や随筆を発表していた。しかし、決して一流の文学者と認められているわけではなかった。小林秀雄、河上徹太郎の次の世代を代表する文芸評論家として中村光夫、福田恆存らの名前が挙げられても、吉田健一は彼らより評価が低かった。しかし、「ヨオロッパの世紀末」によって吉田健一は中村光夫、福田恆存らと伍する文芸評論家としての地位を確立し、ことにその晩年の作品は、いま中村光夫、福田恆存らの著作がごく僅かな作品を除いて、入手が難しいのに反し、吉田健一の作品は相当数が現在も市場に出廻っている。

これは清水康雄の見識が確かだったことを示しているが、私の見方では、清水は吉田健一の文学、文体、文章に惹かれる以上に、吉田健一という人間に惚れこんでいた。何もこれは清水が吉田健一と親しい交流があったからではない。逆に、この当時、第二次『ユリイカ』創刊のころは、殆ど人間的交流はなかったのではないか。清水は吉田健一の著述から吉田健一という人物に魅了されたのではないか。

こうした事情は、清水康雄が清水深生子さんの詩を読んで、容貌、年齢、出自、健康状態など、まるで知ることなく、結婚を申込んだことと同じだった。つまり、作品を通して、作者の人間そのものまで惚れこむこととなるわけである。「ヨオロッパの世紀末」以後、吉田健一がどれほど『ユリイカ』に寄稿しているか、私は調べていないが、そう多くはないはずである。吉田健一に対する執筆依頼は「ヨオロッパの世紀末」以後有名な大出版社や新聞社等から殺到したと思われるからである。しかし、清水と吉田健一との人間対人間としてのつきあいは年を追うごとに深くなっていたようである。

その例の一が食物、飲料などである。吉田健一には『私の食物誌』など飲食物に関していくつか愉しい随筆があり、私の愛読してやまない著作だが、清水もなかなか食通であった。ただ、清水の案内してくれたレストランの多くは吉田健一が贔屓にしていた店やその流れの店であった。

とはいえ、清水自身の発見した美味しいレストランもあった。かつて豊島園の近く、ということは清水の住居の近くということだが、「ピエモンテ」というイタリー・レストランがあった。殆どカウンターの前の一〇人かそこらで満席になる、ごくささやかな店だったが、そのイタリー料理は絶品であった。私は生れてはじめての海外旅行先ミラノで一月以上生活したことがあり、ミラノの最高級レストランには職業柄しばしば招待されたので、イタリー料理にはかなり詳しいつもりだし、定評のある店でも好みに合わない店もあり、好みに合うイタリー料理屋はパリにも一軒あるのだが、「ピエモンテ」の料理はとりわけ私の嗜好に合っていた。ある一晩、借りきって、知人を招いたことがあるが、ごく好評であった。この店では、さすがの清水も料理を口にしたように憶えている。一九九〇年代の初めころ、豊島園近くから環状八号線に面した、だいぶ遠くに移転した。客席も二、三割増えた。豊島園近くの店の時代と違って、シェフと客との距離が遠くなり、親近感も淡くなった。何よりもわが家から遠くなった。自然と足が遠のき、いまも営業しているか、どうかも知らない。豊島園の近くに店があったころは必ず清水を誘った。清水夫人も当時はご健在だったはずだから、お誘いすべきだったが、ご一緒したことはない。そのため、私は生涯、清水深生子夫人にお目にかかったことがない。「ピエモンテ」が豊島園近くから移転したこととあわせ、残念である。

＊

私の次女は、オーストリーの詩人、ゲオルク・トラークルの詩に感銘をうけることが多かった。あるとき、雑談でそんなことが話題になったとき、清水康雄からトラークルの全詩集を翻訳するよう勧められた。翻訳し終えたら青土社から出版してくれる、ということであった。次女の学力ではトラークルを理解することは難しかったが、上智大学のドイツ文学科大学院における恩師であるドイツ人神父たちの教示をうけることができたので、一応翻訳し、『トラークル全集』として刊行していただいた。

次女は、さらに清水から、パウル・ツェランの翻訳を勧められ、ずいぶんと苦労したようだが、また上智大学のハム神父の指導、教示をうけることができ、ともかくこれも『パウル・ツェラン全詩集』として青土社から刊行していただいた。

長女のばあい、東大のフランス文学科に在学中は演劇に夢中で、まるで勉強していなかったようだが、長男が三歳になったころ、たまたま夫の勤め先が大阪だったので枚方に住んでいた。そこで発心して、京大の大学院に学び、あらためてフランス文学を勉強、やがてパリ第八大学に留学した。帰国後は、東京に戻ったが、フランス近現代詩にとりくんでいた。そのことを知ると清水が『ルネ・シャール全詩集』を翻訳すれば出版してあげる、と申出てくれた。長女もどうにか翻訳を完成、出版していただいた。その後、二〇二〇年五月、評論、批評ならびに戯曲も翻訳して補足した『ルネ・シャール全集』を刊行したが、これは清水一人さんが清水康雄の遺志を継いでくださった結果である。

そんなわけで私の著作の大部分を青土社から出版してもらっていることに加え、二人の娘まで青土社の世話になっているので、わが家は清水康雄に甚だしい恩誼を感じている。清水康雄との出会いがなかったなら、わが家の運命もずいぶん違っていたにちがいない。

ここで清水康雄への恩誼を記すのが、じつは私の意図ではない。清水の眼配りの広さ、学識のふかさについてふれたいと思って、上記のようなわが家の事情を記したのである。私自身、翻訳はおろか、原文でも、外国の詩を読んだことがない（ついでだが、娘たちの翻訳も読んだことがない）。トラークルもツェランもルネ・シャールも、私は名前さえ知らなかった。トラークルは別として、ツェラン、シャールがそれぞれドイツ語圏、フランス語圏の現代を代表する詩人であることを知りうるはずもなかった。しかし、清水はトラークルがどんな意味で特異な詩人であるか、ツェランやシャールがどうして偉大な現代詩人として評価されているのか、その翻訳にどれほどの意味があるか、充分に知っていた。伊達得夫や小田久郎は、もちこまれたら、これらの詩人の選詩集を出版するかもしれない。しかし、清水のように、積極的に全詩集出版といった冒険をするほどの勇気はなかったろうし、そのために私の娘たちを励ましてくれることもなかったろう。私は感謝というよりも、むしろ清水康雄が持っていた出版人の使命感に心から敬慕を抱いている。

同じような眼配りの広さ、出版人としての使命感を感じるのは、岸田秀『ものぐさ精神分析』の出版であり、多田富雄『免疫の意味論』の出版である。清水康雄は文学だけでなく、じつにひろく専門誌にも眼を配っていた。そうした眼配りの途次、岸田秀や多田富雄に出会ったのであろう。そして、彼らが私たち非専門家の読者にも感興ふかい学殖と表現をもっていることに気づいて、これらの著書を出版することになったのであろう。さしあたり、私はこの二人しか思いつかないが、他にも青土社が一般読者に提供した専門家があるにちがいない。ただ、この二人は前記の二著書によって世間にひろく知られることとなり、著者本人が名声を得ただけでなく、その学殖によって社会に裨益したのであった。これは清水の出版人としての偉大さを示す事実だが、同時に冥利に尽きることと言ってよいであろう。

こうした眼配りの広さという清水の資質に関連したこととして、付け加えれば、青土社が刊行したことのある雑誌に心理学（?）の専門誌『イマーゴ』と、題名は確かではないが、たぶん『音楽の手帖』という音楽の雑誌もあった。いずれも採算がとれなかったので、廃刊したのであろう。ただ、次女の恩師である上智大学教授であったインモース神父はユングの研究者だそうだが、日本に来てから読んだ雑誌でもっとも興味ふかい雑誌は、『イマーゴ』だ、とつねづね語っておいでになったという。清水康雄はユングにも興味を持ち、心理学をその根底から見直す、といった関心をもって『イマーゴ』を創刊したのではないか。ただ、インモース教授のような読者が採算に合うほどには存在しなかったので、廃刊することに決めたのだろうが、清水としては無念だったにちがいない。

音楽の雑誌については安倍寧さんが、清水に意見を求められたことがあると言っていた。安倍さんは清水と東京府立一中で同級だったそうである。この事実から想像すると、清水はクラシックに限られることなく、幅広く音楽の本質を見きわめるような雑誌を試みたのかもしれない。これも清水の志は高く、彼の期待する読者に恵まれなかったのであろう。

清水康雄は、採算を無視して、あくまでその志を遂げなければならないとする出版人ではなかった。志はいつも高かったが、採算のとれる限度で、冒険を試み、実現が難しいと直ちに断念する実際家でもあった。

＊

清水康雄について、右に関連して、付け加えれば、企業経営に関して経理、財務を重視してきたことである。伊達が用紙、印刷、製本等あらゆる業種に借金を残したこと、河出書房の倒産に立会ったことが経験となったのかもしれない。青土社の創業の当初から元河出書房に勤めていた経理の専門家に依頼し、経理を見てもらっていた。伊達と違い、小田久郎は勘定にこまかく、いい加減に金銭を扱うことはなかったが、清水は他人の目で経理を明らかにしておく方針を採っていた。青土社では、労働は厳しいのに社員の給与が低く、原稿料は安いと聞いているが、清水は必ずきちんと支払い、間違いのない経営を心がけていたようにみえる。

経理に関し、私としては若干気がかりな事実がある。私の旧制一高時代の上級生で歌人であった太田一郎は国民金融公庫に勤めていた。国民金融公庫は政府系金融機関だから、理事は理事長以下すべて大蔵省等からの天下りだが、太田は金融公庫出身の最初の理事となった。

清水から頼まれて、私が太田に紹介し、青土社がいくらかの金額の融資を国民金融公庫から受けたことがある。その融資の後、間もなく、太田が歌集の出版を青土社に頼んだ。清水は厭な顔もみせず、太田の歌集を出版した。太田は出版の費用は負担しなかったのではないか、と私は疑っている。太田の手配で融資をうけた青土社としては、太田の歌集の出版を引受けざるをえなかったのではないか。私の想像があたっているとすれば、太田の人格を疑わざるをえない。太田は歌壇のごく一部に名を知られていなかったわけではないが、無名にひとしく、結社に属していない太田の歌集を買う読者は一〇人といなかったろう。清水は利息と思って太田の歌集の出版を引受けたのであろう。その潔さを思うと、私は真相が分らないもどかしさを感じる。あるいは、二〇〇部、三〇〇部を太田が買上げる約束をしていたとすれば、清水（青土社）の負担は余程軽かったはずである。太田、清水の存命中、聞きただしておけばよかったと思う反面、私にはやはり太田がそんな約束はしなかっただろうと疑っている。

＊

清水康雄に悩まされたこともないではない。彼がハイデッガーの影響をうけたためか、どうか、無学な私には確かでないが、清水は語源の探求に情熱をもっていたようである。彼の探求の成果を聞かされることがあった。その成果は思弁的、哲学的に深遠で、私には理解できないばあいが多く、彼がその探求の成果を話題にすると、私は辟易し、聞き流すのに苦労した。ただ一つだけ憶えていることがある。たぶん、鵜原の小屋にたぶん中学生だったころの一人さんを連れておいでくださった時だったと思うのだが、酩酊した清水が、中村さん、マルクスはマルス、つまり軍神でしょう、エンゲルスはエンジェル、つまり天使だから、マルクスとエンゲルスの結びつきは天使と軍神との結びつきなんですよ、と語りかけたことがあった。こじつけも甚だしいものだと私は思ったが、そんなものかねえ、などと答えて、受け流してしまった。清水の語源探索が脱線すると、そんな冗談か本気か分からないところまで、話題になったことも、私としては忘れられない思い出である。

＊

さて、清水は青土社を創業し、第二次『ユリイカ』の創刊を企画した。どうだろうか、という意見を那珂太郎、大岡信、飯島耕一、清岡卓行、辻井喬、吉岡実、それに私に相談した。当時はもう『詩学』は廃刊していたか、廃刊に等しい状態だったから、詩の総合誌としては思潮社の『現代詩手帖』しかなかった。『現代詩手帖』一誌よりも、第二次『ユリイカ』が加わった方が詩壇が賑やかになり、現代詩の沈滞傾向に新風が吹きこまれるのではないか、と誰もが考えた。そこで、相談をうけた誰もが賛成した。

その上で、清水は伊達田鶴子夫人に許可を求めた。本来、『ユリイカ』という題号については法律的には伊達夫人にはいかなる権利もない。かりに商標登録していても三年間不使用であれば登録は取消される。しかし、『ユリイカ』という誌名と伊達得夫とはふかく結びついている。那珂太郎以下周辺の人たちがすべて賛成している以上、伊達夫人としても、困ります、とは言えなかった。しかし、心情として、伊達夫人にとっては、『ユリイカ』は伊達得夫であり、伊達得夫は『ユリイカ』であり、両者は切っても切れない関係にあった。この心情は理解できないわけではないが、法律的には、かりに私が伊達夫人から当時相談をうけたとしても、伊達夫人には清水の企画に異議をいえる理由はなかった。

そのさい、利益が出るようになったら、いくらかお礼を差上げます、と清水が語っていた、と伊達百合さんは証言する。清水から私はそれらしいことは聞いていないし、一人さんも聞いていない。清水としては儀礼的なつもりの軽い挨拶だったかもしれない。ただ青土社の事業が軌道にのった後も清水が生前伊達家に何のお礼も支払わなかったことは間違いない。

そのため、伊達夫人、伊達得夫の眞理、百合の二人のお嬢さんは五〇年間、青土社、清水康雄に不快感を抱いてきた。そのことを知った清水一人さんはしばらく悩んでいたが、拙著『回想の伊達得夫』出版の機会に、誠意をつくして伊達家と話し合った。その結果、最近になって伊達家としては多年の不快感をほぼ氷解したようである。こうした情況になったことを私もうれしく思っている。

創刊当時は深生子夫人も健康をとり戻していたらしい。人手もなく、夫人も梱包、発送等、かなりの労働をした、という。詩の雑誌として出発した第二次『ユリイカ』は当初から「ヨオロッパの世紀末」の連載にみられるとおり、たんなる詩の雑誌ではなかったが、今日ではずいぶんとさま変りした。それでも文芸誌の刊行にはどの大出版社も困難な時代、出版を継続していることも私のよろこびである。

＊

私は越生の梅林を右手に見て、山ふかく登っていった奥の龍穏寺を思いだす。ドライブが好きだった亡妻が他界して以来（存命でも無理かもしれない）龍穏寺を訪ねることもない。中村元先生の書になる「倶會一處」の文字の刻まれた墓碑の下には深生子夫人が死去した翌年、清水が後を追うように他界した遺骨も納められている。

スギの下かげに眠る故人を偲ぶと、懐旧の念切なるものがある。

後記

本書は『故旧哀傷』として四冊目、『忘れられぬ人々』としては三冊目にあたる回想文集である。本書に採りあげた人々は、いずれも、私にとって懐かしい、あるいは敬愛してやまない人々である。いずれも『ユリイカ』に連載した文章であり、「アラン・スワビー」は『ユリイカ』二〇一八年一月号に発表、その他は二〇一九年二月号から八月号、一〇月号から一二月号に発表している。

これらの連載を終えて後、私は『ユリイカ』に「私の平成史」と題する文章を連載している。このようにもっぱら過ぎ去った日々を回顧し、出会った人々の思い出を書き続けていることは、過去にこだわり、未来を見ていないことでもあり、私本人としては感心したことではないと感じているが、九四歳になった私としては、ふりかえって私の生涯を反省するよすがともなり、ことに私が切に懐旧の情を覚える人々について記すことは私の墓碑銘を書くに等しいように思われ、こうして書き続けてきたわけである。

ここに採りあげた人々と私の関係は、ごく親しく交際した人々もあれば、お目にかかった数がかなり少ない人々もあるが、私にとっては親疎にかかわらず、私にいろいろな意味で恩恵を施してくださった、忘れられない方々であることに変りはないのである。

ここに採りあげた方々、本書に収めた文章を連載したさいにご苦労をおかけした『ユリイカ』編集長の明石陽介さん、出版を引き受けてくださった青土社社長の清水一人さん、本書刊行について担当してくださった足立朋也さんにお礼を申し上げたい。

二〇二一年三月三日

中村　稔

忘れられぬ人々 三　故旧哀傷・四

2021年4月10日　第1刷印刷
2021年4月20日　第1刷発行

著者——中村 稔

発行人——清水一人
発行所——青土社
東京都千代田区神田神保町1-29 市瀬ビル　〒101-0051
電話　03-3291-9831（編集）、03-3294-7829（営業）
振替　00190-7-192955

印刷・製本——双文社印刷

装幀——菊地信義

ISBN978-4-7917-7369-5　Printed in Japan